JN148348

Explore the World!
—Multilingual Adventures!

この本は、海外の家庭にホームステイしながら、約1年間
世界の学校で学ぶ「海外高等学校交換留学〈Year Long（イヤロン）〉プログラム」に
参加した高校生と、送り出した家族、ヒッポファミリークラブの
みんなの体験から生まれました。

MERRY CHRISTMAS
Korea
хорошо!
Russia
Malaysia

Australia
New Zealand
Thailand

France
C'est super!
Spain

Ciao!
Italy
Belgium
German

Canada
The World awaits You!
U.S.A
Merry Christmas
Full of Joy

FELICIDADES
Mexico
¡Hola!
Argentin
Brazil
Tudo bem?

Hippo Year Long Program

20th Anniversary !

LEX Institute/Hippo Family Club Year Long 20th Anniveresary Forum in Tokyo, Sep. 18, 2016

派遣国：

アメリカ、カナダ、メキシコ、ブラジル、アルゼンチン、イギリス、フランス、ドイツ、オーストリア、ベルギー、イタリア、スペイン、スウェーデン、ロシア、オーストラリア、ニュージーランド、台湾、中国、韓国、マレーシア、タイ

日本受け入れ国：

アメリカ、カナダ、メキシコ、ブラジル、ベネズエラ、イギリス、フランス、ドイツ、スイス、オーストリア、ルクセンブルク、フィンランド、イタリア、チェコ、スロバキア、ポーランド、ルーマニア、デンマーク、スウェーデン、オーストラリア、ニュージーランド、モンゴル、韓国、タイ

Multilingual Adventures

高校生、とび出せ 世界へ！

高校交換留学21ヵ国2000人の体験から

＊本書は、一般財団法人言語交流研究所主催「イヤロン20周年記念フォーラム」「イヤロン帰国報告会」の内容をもとに編集しました。

「イヤロン20周年記念フォーラム」

二〇一六年九月

於・日本教育会館一ツ橋ホール（東京・千代田区）

「イヤロン帰国報告会」

二〇一七年・二〇一八年七月

於・国立オリンピック記念青少年総合センター（東京・渋谷区）

目次

4 マンスリーレポート　152

5 イヤロン帰国生のアンケートから　174

無限の可能性への旅立ち

一般財団法人 言語交流研究所　創設者
榊原　陽

自分のこどもが生まれた時、「この子が大きくなった時、世界はどんどん狭くなっていくだろう。そんな世界を伸びやかに生きていってほしい。それには日本語以外のことばもできたらいいじゃないか」、そう思ってことばの仕事に取り組んだのは1960年代のことだ。当時英語で始めたこの活動も、今では20を超えることばの世界に広がった。ことばの数が問題なわけではない。同じ人間が見つけることばの自然な道筋が、多言語を通してくっきりと見えてくるのである。自然なことばの環境があれば、誰でもどんなことばも話せるようになる。そしてそのことばによって世界を見つけていくのである。

高校生、十代後半、もっとも多感な年齢である。ともすると、そろそろ日常性に埋没し、ことばが存在を離れて独り歩きし、迷走し始める頃である。

そんな時期に、思い切って一年に近い留学の冒険に出発しようというのである。素晴らしいチャンスである。人も、もちろんことばも、自分を取りまく自然の全てが違う日常の世界に放りだされる。日常性とは、すべてのことが当たり前のことに見えてくることで、鏡に映る自分の顔すら透明で何も見えなくなってしまうことであろう。それに対して非日常性とは、すべてが未知で新しく、自分自身ですら、他人とのかかわりの中で、その違いを鏡として自分を見つけていく世界のことであろう。違いの発見こそが自分を知る唯一の方法なのである。日常の中にこそ非日常があり、非日常の中にこそ日常がある。

個別の体験だから、参加した人の数だけ、さまざまな出来事があるだろう。その個別な体験の背後に、同じ人間だから、みんなで語り合えば、普遍的なことが見えてくるに違いない。ヒッポ[*]に、何か他の世界よりすごいなということがあるとすれば、その体験を聞いてくれる無数の人がいることだろう。語ること（言語化すること）で、初めて人々にも、自分にとっても、どんな冒険だったか、体験だったか、無限に広がって見えてくる。書くこともそうだ。「楽しかった！」「つまらなかった……」だけではそれまでだ。ことばにすることで、初めて体験になるのである。

日本語でもどのことばでも、語り続けるんだよ。

聞いてあげ続けるんだよ。

ことばを歌え、こどもたち！

＊ヒッポファミリークラブの略。多言語が聞えてくる環境をつくり、自然なプロセスで多様な言語を習得し、交流する活動

高校生だからできる、Only Oneの体験！
決めたら変わる！世界を見て、未来をひらこう！

イヤロン〈Year Long〉プログラム
—海外高等学校交換留学— とは？

「どんな人にもことばにも壁をつくらず、世界の人と交流しよう」と、1981年にヒッポファミリークラブがスタート、家族や仲間でいろいろなことば〈多言語〉が聞こえてくる環境と交流の場をつくっています。その中から1997年に海外高等学校交換留学〈Year Long〉プログラムが生まれ、これまで 21ヵ国に高校生を送り出しています。日本での交換留学生の受け入れも盛んです。

海外高等学校交換留学は、アメリカ合衆国が R.レーガン大統領時代に、青少年の相互交流を目的に提唱し、各国各州の関係教育省で人物交流として位置づけられ、派遣生は交換留学生として受け入れ学校の授業料が免除され、プログラムの主旨に賛同するホストファミリー（原則ボランテイアによる）によって実施されます。現地の学校で約１年間学んだ学習単位は、日本の学校の履修単位に振り替えられ、原則進級することができます。

イヤロンプログラムは語学力の向上だけが目的ではありません。感受性が豊かで柔軟な青少年期に、家族や仲間と離れて、ことばも文化も全く異なる環境の中で、約１年間高校生活にチャレンジします。自分から友だちをつくり、ホームステイしながら家族の一員になっていく体験を通して、どんな人にもどんなことばにも積極的に心をひらき、自分のことばで話せる人間になっていくことが目的です。

出発に向けて、地域のヒッポファミリークラブのメンバーや、一緒に留学する仲間と準備していきます。留学する国のことばはもちろん、いろんな言語に耳をひらいて、多言語で楽しんでいくのがヒッポスタイルです。高校生だけに与えられているチャンスを生かし、新しい自分に出会う冒険にチャレンジしてみませんか？

ヒッポのイヤロンプログラムのながれ

説明会

帰国生の話を聞いてみよう！

決心

出願書を出します

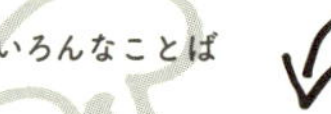

いろんなことば

いろんな人

ヒッポファミリークラブの日常活動

参加スタート！

いろんなことと出会おう！

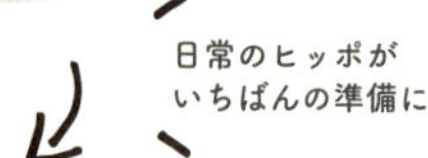

日常のヒッポがいちばんの準備に！

英語力診断テスト

参加国がどこでも、
高校留学には必要なテストです

面談＆各国語インタビュー

留学に向けての気持ちや決意を話そう

アプリケーションフォームの記入

留学先に送り、学校やホストファミリーを
決めるための重要な書類です

イヤロン準備会

いろんな国へ行く仲間と
一緒に準備をしよう

出発！

留学生活スタート

新しい家族、新しい学校！
マンスリーレポートで近況を報告しよう！

帰国

帰国ははじまり！
体験談は、話して、書いて、
たくさん共有しよう

多言語の仲間とつながり、
世界が広がっていくよ！

1 高校生、世界へ！

スペイン・アンダルシア地方で

青木 遥
（スペイン／２０１７年／川崎市立橘高等学校１年時）

週末は友だちとおしゃべりしながら夜の散歩が習慣

私が行ったのはスペインにあるカディスという小さな町でした。私の家族はお母さん、そしてドイツからのイケメン留学生でした。スペインではサリールという習慣があって、週末は友だちとおしゃべりをしながら夜散歩をしました。最初は一緒にサリールに行く約束をとりつけるのにも一苦労。でもだんだんと楽しくなりました。スペインに来たのだからと、フラメンコを習いました（週3回）。フラメンコ仲間はおばちゃん達ばかり。おばちゃん達は私の名前をすぐに忘れて、ハリカとかハニカとか、ステップも忘れて毎回初めから練習する始末。でもみんな面白くて優しくて、とても楽しかったです。

カディスはスペイン・アンダルシア地方の古い港町で、留学生の受け入れが盛んです。世界各国から学生が集まっていました。私のクラスには、ドイツ人が2人、ブラジル人が3人いました。ブラジル人は私の5カ月あとに到着したにもかかわらず、スペイン語をすごく勉強していた為、私のスペイン語は、彼らにわずか3日で越えられてしまいました。私が5カ月かけてスペイン語を話し、やっと友だちと仲良くなり始めた頃だったので本当に悔しかったです。1歳から家族と一緒にヒッポファミリークラブに参加して、多言語の環境のなかで過ごしてきたけれど、もしかしたら、それだけじゃ足りなかったのかな、もっと勉強をしてくればよかったのかなと後悔もしました。

ところがある日、学校で、私がスペインの地元の子に「ブラジルの子たちはすごくスペイン語上手だよねー」と話しかけると、スペイン人のクラスメイトは、「そうだね、ハルカよりは話せるね。でもハルカと話してると本当のカディスの人と話してるみたいで、私はハルカのスペイン語の方が好きだよ」と言ってくれました。それを聞いて、ホントにホントに嬉しかったことを覚えています。スペインでは、みんなが話すスペイン語もジェスチャーも全部丸ごと真似していたので、私のスペイン語は、いわば「カディス弁」です。例えばエスパーニャはエパーニャ、コモエスタ?はコメッタイ?といつのまにか、自然にカディス弁になっていました。そのおかげで、カディスの皆にすごく気にいられ、家族からも友だちからも愛情をいっぱい注いでもらうことができました。滞在の終わりの頃にはブラジルの留学生たちより、すんなり家族や学校、街に溶け込んでる自分になっていました。ヒッポで育って、留学に来れて、本当に良かったと思います。またいつか必ずカディスに帰って、このカディス弁でカディスの愛を感じたいです!

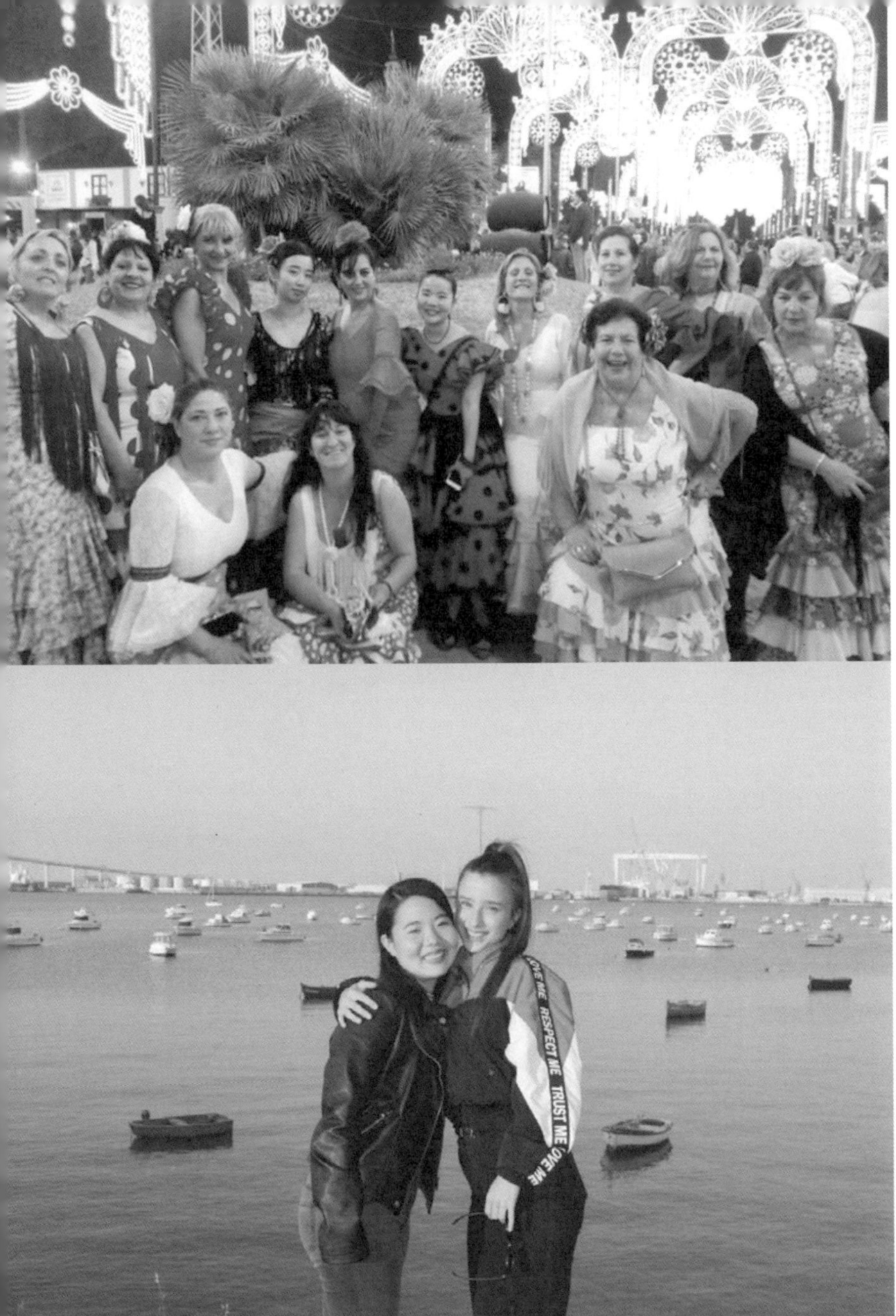

フラメンコの仲間や学校の友だち、みんなに愛されたよ

自分から話す！チャンスは逃さない！

山下 健太

（フランス／2017年／私立武南高等学校3年時）

モンマルトルの丘、頂上から見るパリは最高！

僕が高校留学にフランスを選んだのは、フランス人の対話の仕方が好きだからです。相手の意見をしっかりと受け止め尊重する。そのうえで、まっすぐ自分の意見を伝えるその姿勢は僕にとってはとても魅力的に思えました。なぜなら僕はコミュニケーションが下手だったからです。

日本では、僕が学校から帰るといつもきまって母は、「今日はどうだった?」と聞いてきます。「べつに――」僕もきまってそう答えます。それがイヤロン*に行く前の日常でした。

パリで3週間の研修、初日クラス分けがあって、僕は一番下のクラスにはいりました。研修中の授業は全部フランス語で行われました。そのため最初は全く分かりませんでした。でも毎日授業を受けるたびに、先生の言っていることが少しずつ理解できるようになりました。授業が終わると午後はフリーなので、エッフェル塔やルーブル美術館など、いろいろなところに行きました。その中で僕が一番印象に残っているのはモンマルトルの丘でした。頂上まで登るのは大変だったけど、頂上から見るパリの街並みは最高でした。研修のハイライトはフランス留学の学生たち―メキシコ、スイス、イタリア、タイ、アメリカなどいろんな国から集合してオリエンテーションがあり、コースに分かれて観光もありました。僕は一緒のコースになったタイやメキシコの人に、英語などでも少ししか話しかけられず、周囲と比べて自分の英語力のなさにも落

*イヤロン：Year Long の略。約1年間の海外高等学校交換留学プログラム

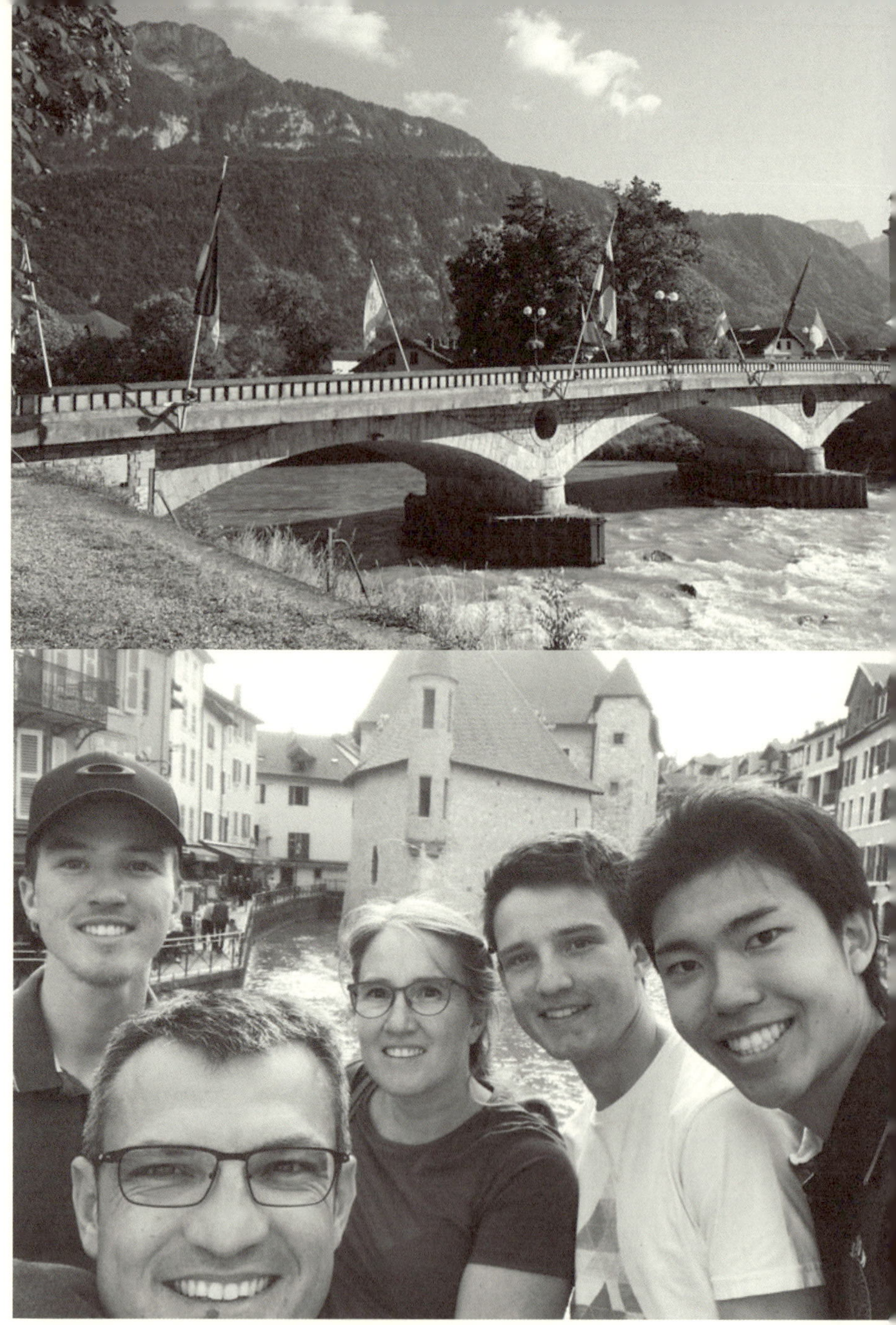

（上）フランス留学の町Bonneville　（下）アクティブなホストファミリーといろいろ行動

ち込みました。

僕のフランスの家族はお父さん、お母さん、お兄さんと同じ年のホスト、彼はアメリカ留学体験があるので英語は堪能、そして子猫ミスティです。アルプス山脈、スイス国境近くの小さな町です。家族はとてもアクティブで、休みの日は、トレッキング、ノルディックスキー、近くの湖や、ジュネーブまで出かけたりします。

フランスのパパは宿題も英語でサポートしてくれたり、フランスの自然やスポーツについても教えてくれます。ママは僕のフランス語の先生、一緒にフランス語の本を読んだりしました。

一番の目的はフランス語で自分の意見を

学校は家から歩いて20分ぐらいですが朝はパパかママが車で送ってくれます。

クラスは34人で僕とイタリアからの留学生がいます。美男美女率がとても高いけど、みんな優しく、僕が質問したりすると、「ケンタがフランス語しゃべった！」とよく驚かれました。フランスでも日本でやっていた陸上を続けました。町のクラブで皆社会人ですが、優しく接してくれました。パパやママは車で迎えに来てくれます。家までの道のりの約10分間、ぼくたちは2人っきりです。それを無言でやりすごすこともできるけど、やっぱりフランス語で話したい。それになにより自分の意見を言いたい。だってそれがフランスに来た一番の目的なんですから。だから僕はいつも、車に乗り込む前に、今日あった出来事を整理する。話す話題と順序を決める。……アレを話そうかな。いやそれともコレにしようかな――。それは家族で食卓を囲むときも同じで、授業でやったバドミントンの話をしようか。来週の試合見に来て欲しいな――。頭にそんなことをめぐらせながらことばを探します。ときには家族の予定を交えながら話すこともあって、そんなときは、

「あなた、すごく話すのがうまくなった――」

なんて褒められたり。

あと、フランスでとくに意識したのはチャンスを逃さないこと。ある日、歴史の先生に、第2次世界大戦から冷戦終結までの日本の歴史の紹介課題を求められた。日本にいた僕だったら、「きついっすね、無理」とあきらめたけど、なんか出来そう、これもチャンスと食らいつく。2月の2週間のバカンスの間、家で、持ってきた日本の教

留学を通して、フランスに家族や友だちができた。帰国日フランスの空港にて

科書に真剣に目を通す。パワーポイントでなんとか作り上げた30枚のプレゼンは日本語だったけど、翻訳してみると70枚にもなった。気づくと、これまでまだ英語に頼りがちだったのが、英語とフランス語の立場が逆転して、フランス語で書いたり読んだりも難なくできるようになりました。頭で考えるだけではだめ、頭で考え、そして話すこと、チャンスは絶対に逃さないこと。これは僕がイヤロンで心がけていたことです。ここまで僕を支えてくれたフランス、日本のすべての人のおかげと心から感謝します。

いまの自分から自然体で成長を

坂口　由夏（アメリカ・アイオワ州／２０１７年／群馬県立桐生女子高等学校３年時）

「成長したいと思いなさい」とママ

私のイヤロンのきっかけは、イヤロン帰国生との触れ合いでした。留学先から帰った彼らは、みんなスゴくキラキラしていて、いつしか私は、自分も、ああなりたいと願うようになっていました。

アイオワ州の私の家族はパパ・ママ、ホストシスターと3人の兄弟たち。学校にはメキシコ、スペイン、イタリア、タイなどから7人の留学生がいました。当たり前だけど周りは全部英語！　留学生の皆も当たり前のように英語を話していて、そんな中で私は、肩身は狭いし、心細いし——。とても、自分のつたない英語で話す気にはなれませんでした。思わず内にこもりそうになるけど、せっかくここまで来たのにそんなのもったいない。それで思い切ってホストのママに、

「もっと積極的に明るく過ごせるように変わりたい」

と打ち明けました。するとママは、

「〝自分を変えたい〟じゃなくて〝成長したい〟と思いなさい。すべてを変えようとするんじゃなくて今の自分から成長していけばいいんだよ」

ママの優しい眼差しからそれを聞いたとたん、全身に充満していた自己嫌悪が嘘のように消えていきました。誰もあなたに完璧な英語は求めていない。あなたはあなたらしく自分のできる英語を思い切りしゃべりなさい。話しやすい人から始めればいいんだから——。

家族みんなで過ごすクリスマス！ 本場のクリスマスはひと味違うよ

（上）憧れのProm！夢のような時間　（下）卒業式 〜がんばってよかったなと思える瞬間！

そのことばを胸に、まずは教会の年配の人とコミュニケーションを取り始め、気づくと自然と周囲に溶け込んでいる自分がいました。それまで私は、人と話すにはなにか面白い話題がないとダメ、と考えていました。でも無理に盛り上げようとしなくても、相手を知りたいという気持ちがあれば、それだけで自然と会話は弾むのだということを改めて知りました。

私を理解してくれるチームメイト

アメリカの高校ではサッカーチームに入っていました。それまで一度もやったことはなかったけど、知り合いが入るというから思わず、「じゃあ私も」と手を挙げて。でも、私は実は話すのも行動するのも、ちょっとゆっくりなんです。周りにも「おっとりしてるね」ってよく言われる。そんな調子だから、試合中、ボールを持つ選手とぶつかるたび、いちいち「ソーリー（ごめんね）ソーリー」って謝る。一回ゴールを決めたときなんか、「ソーリー！」って言いながらゴールに流し込んで（笑）。さすがにわれながら可笑しかったけど、そんな私の性格をチームメイトはすごく理解してくれて……。

「ユカはもっと相手を押す技術が必要だよ」

とアドバイスをくれました。それで試合中、「ここ！」っていうときにベンチから
「いまだ押せ！」

と檄が飛んだり。そんなふうにときにイジられながらも、楽しく毎日を乗りきりました。お別れの日、

「このイヤロンはあなたのものよ。それはもちろん沢山の人にいっぱい支えられたかもしれない。でもやり切ったのはあなたよ。だからこの一年に自信を持って！」と、ママから最高のことばをいただきました。

思えば出発前の準備会、みんなの前で自分の気持ちを発表するときは緊張で泣いちゃいましたが、今はこんなにたくさんの人に自分の経験を伝えることができることに、確かな成長を感じています。

高校留学から将来の夢が広がる

水越　結友

（フランス／２０１７年／宮城県仙台第二高等学校２年時）

ベルサイユ城の近くでホームステイすることに

私は小さい頃から家族で宮城県でヒッポファミリークラブの活動に参加し、中学を卒業した春、ヒッポのフランスホームステイ交流に参加し、フランスが大好きになった。

そのフランスで、日本とは全く違う環境でもっと視野を広げたい、自分を発揮してみたいと、高校生でイヤロンは憧れだったフランスに決めた。

私のホストファミリーは、ベルサイユ城の近くのエランクールという自然豊かな町。パパ、ママ、2人の兄弟と妹の5人の家族で、兄は違う町に住み、妹はアメリカに留学中だった。週末は部屋の掃除、買い物、映画鑑賞、散歩など。食事はコース料理ってほどではないけれど、前菜かスープ、主食、デザートとかかな。でも日曜の夜などはバゲットにバターやジャムをぬって、ホットチョコレートと一緒に食べる。なんかフランスって感じ。家の近くには湖があって、その周りを散歩したり、森の中でマッシュルームを採ったりもする。家は3階建てで私の部屋は3階でアメリカに行っている妹の部屋を使っていた。ほぼ専用のシャワー&トイレルームもあり、とても快適だった。

パパとママのことは、ローロン、エマニュエルと名前で呼んでいた。向こうに行って最初の2、3カ月はことばについていくのがやっとで、とても学校の課題なんて手につかなくて。なにか宿題があっても「難しすぎるよ」ということばが喉の奥からせりあがる。そんな私にエマニュエルはとても厳しく、「やらなきゃ分からない」というつ

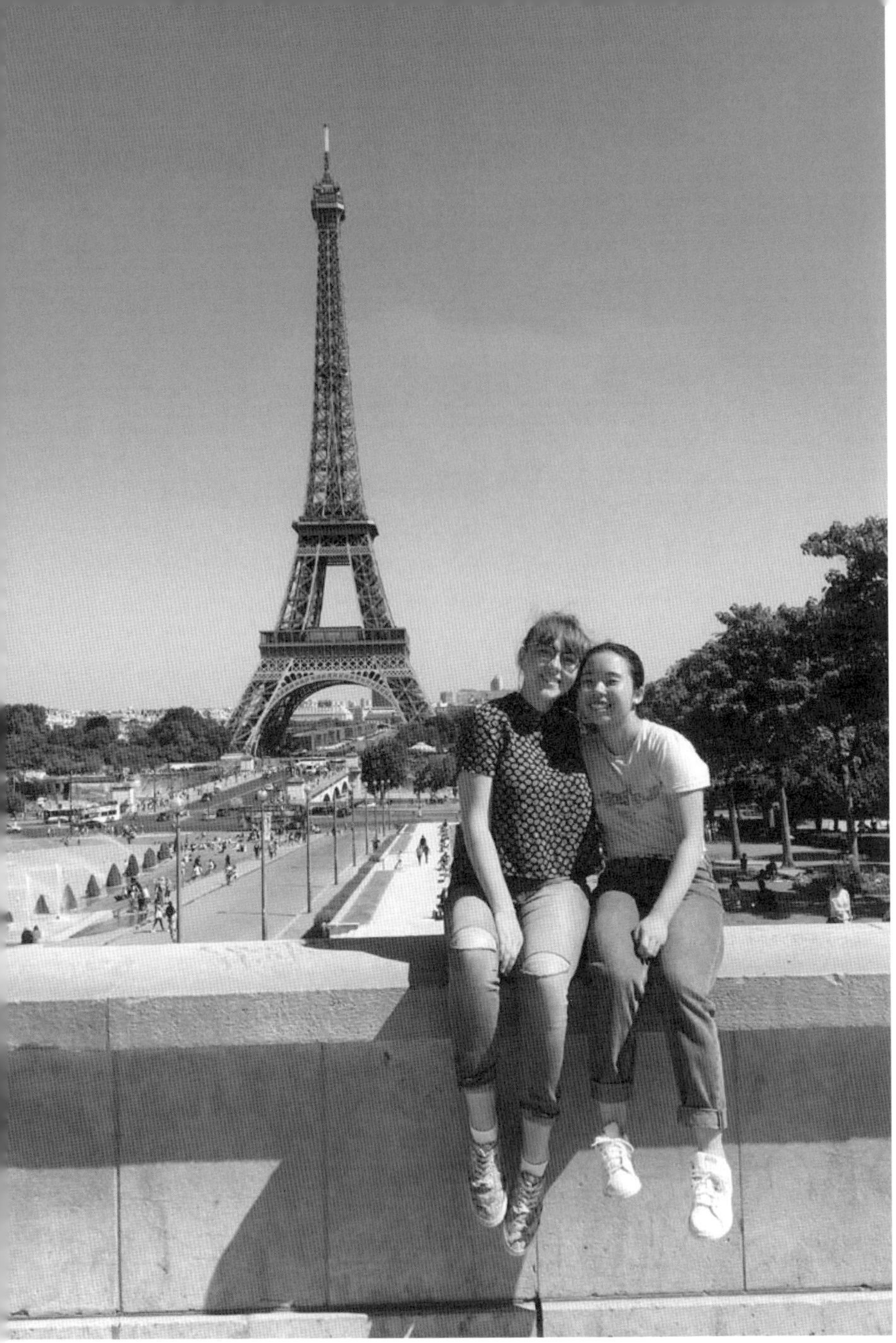

ホストファミリーとパリへ

も叱咤激励してくれ、モチベーションを上げてくれた。

歴史のプレゼンテーションにチャレンジ

1学期の終わり、通知表が配られた。英語と数学、体育以外点数のつかない通信簿……。そもそもテストを受けられてもいないから仕方がないんだけど、とにかくそれがすごく悔しくて。だから少しでも自分の意思をみんなに示そうと、歴史の時間、第二次世界大戦の話になったとき「発表したい」と手を挙げた。先生は頷き、「じゃあ今度までにプレゼンテーションの資料を作ってくるように」と。だけど私は資料作成に使うパワーポイントも使えなければ、プレゼンの専門用語にも歯が立たない。それでもなんとか文章を作るんだけど、文法がおかしかったり、発音も悪い。でも、いつもゲームばかりしているホスト弟が、このときばかりは手伝ってくれる。私のパソコンの前にみんながよってたかって力を貸してくれた。発表の前日には居間のテレビを使ってリハーサルもした。本番は緊張こそしたものの、大好評を得ることができた。

東日本大震災の募金プロジェクト

自信をつけた私は、思い切って今度は地元・仙台の東日本大震災のプレゼンテーションを申し出てみた。3・11といえば福島が知られているけれど、それ以外の被災地のことは意外と世界では知られていない。みんな仙台を知らない。地元の復興の一助になれば……、そんな気持ちが根っこにあった。発表当日は、体育の時間をもらって二クラスの前でプレゼンし、チラシも刷って全員に渡した。募金プロジェクトの存在を告げると、校長先生も関心を示し、全校生徒にメールを送る機会をもくれた。私のプレゼンテーションを聞いた友だちは、「あなたの家は大丈夫だったの?」「あなたの発表を聞いて、実際に被災地の様子がわかり、泣きそうになったよ」と次々に気遣いのことばをかけてくれた。このときもまた、家族総出で資料作りを手伝ってくれた。このように私が何かを達成する度に、エマニュエルは私に「あなたは強くなった。あなたは私の誇りだよ」と言ってくれる。このことばは私がイヤロンでもらった最高の宝物になった。それはフランスのお母さんエマニュエルがいたから、支えてくれる人々

いつもホストファミリーや学校の友だちに支えられたよ！

に出会えたから。今思い出しても、胸がいっぱいになって、やっぱり涙がこぼれる。行く前よりも私は強くなった。いま確かにそう思う。

私はまだまだ進路の幅がある高校時代に海外留学を体験できてよかったと思う。私は実際帰ってきてから将来の夢が大きく広がり、今は、世界で活躍する外交官になることが私の夢だ。これまで以上に本気で勉学にも取り組み、夢を実現できるよう頑張っていきたい。

私のイヤロンは一生の宝物、一生忘れない。関わってくださったすべての人々のおかげです。ありがとうございました。

2　イヤロン20年の冒険

イヤロンプログラム20周年記念フォーラムと『高校生、とび出せ世界へ！』に寄せて

一般財団法人 言語交流研究所　参事

上斗米　正子

言語交流研究所・ヒッポファミリークラブで、１９９７年海外高等学校交換留学プログラムがスタートしました。私たちはこの高校交換留学を「ＹＥＡＲ　ＬＯＮＧ（イ

ヤロン）」プログラムと名付けました。留学に行くのは高校生で、家族はもちろん応援する人々は日本におりますが、離れていても約1年間お互いに頑張ろう！という想いが込められました。私はこのイヤロンの企画に1997年から本部国際部として関わっており、いつのまにか「イヤロンの母」と呼ばれるようになりました。

ヒッポは、一人のお父さんの想いからスタートしました。多言語活動の提唱者、榊原陽さんです。榊原さんは、40数年前、誕生した我が子を眺めながら、この子が大きくなってゆく頃、交易、交通などが進み、世界がどんどん狭くなっていくだろう。そんな時代、英語はもちろん、出会う人々の様々なことばを理解し、ことばを交わせるようになったらどんなに素敵だろう——そう願って1981年に言語交流研究所を創設、ヒッポファミリークラブで多言語活動の実践を開始しました。人間は、生まれ育つ環境のどんな言語でも自然に獲得する生得的な能力を持っている。多言語の多様な音の波に親しんで、ことばを育て合う人間同士の温かい環境があれば、誰でもどんなことばでも話せるようになる——、そのヒッポの多言語活動は35周年を迎えました。国際交流活動も少しずつ豊かになり、青少年や家族の交流もアメリカ、韓国、台湾、ロシアを始め、沢山の国に送るようになりました。

そしてヒッポ誕生から15年が過ぎた頃、「そろそろ高校留学プログラムもあっていいんじゃないか――」そんな声が上がり、「イヤロン」がスタートしました。20年を経て現在では素晴らしいプログラムへ育ってまいりましたが、これまでの道程は決して平坦なものではありませんでした。

海外の学校の勉強についていけるのだろうか、現地でことばは通じるのだろうか。日本を一年も離れて帰国後の学業は大丈夫だろうか。ヒッポ内部からも心配の声が聞こえました。ゼロからの模索、議論を重ね、海外留学団体や日本での準備を整え、イヤロンプログラムのスタートラインにこぎつけました。

イヤロン（海外高等学校交換）プログラムは、世界各国の政府や教育委員会、学校が協力して、世界の学校と家庭で学ぶことができる、高校生にだけ与えられる特権です。世界の関係機関が提携することで、海外での履修単位が振り替えられ原則進級することができます。

いよいよイヤロンが始まると、沢山の応募があり、留学生派遣決定は難航を極め、ある時には、学校での素行を引き合いに……あんな子が行っていいのか、学業もままならないのに……など様々な意見が飛び交いました。そんな時、私は決まって、榊原さんだったらどう思われるだろうかと考えました。「特別な子はいないよ、一人の子に見える可能性はみんなにある」と常々語っていたことばです。高校留学にチャレンジしてみたい人は誰でも進める環境を整えました。

前例のないプログラムに勇気を持って飛び込む決意をした一期生は39人、事前研修もそこそこに成田を飛び立つと、乗る便を間違える、到着地でホストファミリーに会えないなどハプニングの連続でした。月一回の日本への留学体験報告「マンスリーレポート」[*]は当時から始めましたが、家族は、届いたレポートを仏壇に上げて手を合わせ、無事を祈りました。良いことが書いてあっても、不安な内容でも我が子の頑張りに涙が溢れ、ハンカチを用意せずしてマンスリーレポートを読むことができない――と親御さん方から聞きました。

それから20年、現在では、21カ国、1618人が海を渡り、各国で高校交換留学を体験しました。高校生年代だからこそチャレンジできること、ホストファミリーや学校の仲間に応援していただけること、感性も心も柔軟な年代だからこそ誰でもやり切れる――特別な子はいない、どんな高校生でも可能性は無限大ということを彼らに教えていただきました。

＊マンスリーレポート：高校留学の体験を書いて月末にヒッポ本部へ送るレポート。日本で保護者有志が編集し年3～4回留学生たちの現地にも送る

準備から留学中、帰国後も沢山の人が心を寄せて話を聞いてくれます。体験はことばにすることで、本人にも聞いた人々にも、一生消えることのない宝物になります。ヒッポファミリークラブのイヤロン20周年、沢山の高校生の挑戦や体験を聞きながら、私たちもここから新しい未来を、皆さんと一緒に見つけていきたいです。

そして、毎年6月になると、イヤロンで約1年間を海外で過ごした高校生が続々と日本に帰ってきます。その帰国生を出迎えに成田や羽田空港は沢山の人々の歓声に包まれ、周りの人々から「誰か有名人ですか？」と聞かれますが、普通の高校生たちです。高校留学の冒険をやり切った姿を日本に上陸したその日に目にしたい、第一声をいち早く聞きたいと、家族はもちろん、地域のヒッポメンバー、イヤロン仲間や先輩たちが駆けつけます。帰国生たちは、全身を現地のファッションでヘアスタイルまで決めて登場する学生もいるし、10キロ太って親御さんも気が付かなかったり、反対に何事もなかったようにそのまま自然体で帰ってくる学生もいます。昨今は留学した国や文化に染まるよりも、どこの国に行ってきたのかが際立たず、柔かいオーラに包まれて帰ってくる学生が多いようです。

留学した国のことばを軽やかに話す高校生は実にキラキラしていますが、彼らの誇りは「ホストファミリーや友だちのことば」を自然に話せるようになったと、スペインだと、カディスやモゲール地方のことばで嬉しそうに話します。またドイツに留学したがお母さんがトルコ出身で、トルコ語は日本でヒッポの活動で聞いたり、家の中でたまに流れていただけなのに、留学先のお母さんと生活しているうちにトルコ語も話せるようになりましたと。

高校生たちは、多言語のマテリアルを通学や家の中で自然に親しみ、週に1～2回ヒッポの『ファミリー』*に参加します。ファミリーでは約2時間、多世代の人々がこどもも大人も、自分が見つけた音やことばを口ずさみながら、歌うように踊るように、多言語が飛び交う中で楽しみます。

ヒッポファミリークラブの多言語環境は、参加するメンバーが年々多世代になり、言語の数は20年前の11ヵ国語から現在は21ヵ国語になりました。イヤロンの留学国は、当初のアメリカ、カナダ、オーストラリア、フランス、ドイツなどに加え、タイ、マレーシア、韓国、台湾、中国、ロシア、ブラジル、アルゼンチン、イタリア、ベルギー等も増えイヤロン参加メンバーも増大してきました。多様性、多文化、多世代が重

*ファミリー：多世代メンバーが集い、多様な言語の音の波を楽しみながら多言語を習得し、交流する地域の活動の場

なれば重なるほど、○○語という言語の淵が薄れ、どんな人にもどんな言語にも開かれたスタンスと心が育まれてきたように思います。高校生たちは、ファミリーで多言語の海の中で漂いながら自分で言語の秩序を見つけ、外国語としてではなく人間としての「自分のことば」を磨いていきます。そして世界に飛び立ち未知の土地、初めて出会う家族や友だちの間で、新たな世界と新たなことばを育くんできます。

2016年9月のイヤロン20周年記念フォーラムには、20年間にイヤロンに参加した約300人とその家族や地域の方々が全体で800人集い、高校留学プログラムの体験は勿論ですが、その後の進路、職業、人生が時間の系に紐解かれ、高校留学の体験からひとりひとりの未来が多様に形成されていることが伝わりました。

この度、そのフォーラムの内容をもとに、ヒッポのイヤロン―海外高等学校交換留学―プログラムが本になりました。この一冊が、高校生はもちろん、あらゆる世代の皆さんが、新しい世界に一歩踏み出すきっかけに！　と心から念願いたします。

イヤロンのパイオニア
アメリカに渡る

日浦　康介

（アメリカ／１９９７年／神奈川県立弥栄東高等学校２年時）

誰一人知る人のいない土地へ出発

１９９７年――ヒッポ高校留学・イヤロンのパイオニア一期生としてアメリカに渡った私は、そこで約１年（10カ月）を過ごしました。留学を決めたきっかけは、その

5年半前のこと。中学一年生の時、夏のホームステイ交流でアメリカのユタ州に行ったのが思いのほか楽しかったからです。イヤロンはその10倍の期間だから、思いっきり10倍楽しんで、めいっぱい友だちを作ってこようと意気込んでいました。今思い返すと、感受性の一番強いこの時期に、両親、親友のもとを離れ、誰一人知人の居ない土地——しかも日本からそう気軽に行けない場所によく行って来たものだと、我ながら少し不思議です。出発の日、飛行場では、乗るのはこの便だ、違うあの便、いやこっちだ——と、大人、子どもみんな、額に脂汗をかき、朝から大わらわ。それでもなんとか機上の人となり、ほっと一つ息を吐くと、安心する間を押しのけるように、今度は黒いもやのような不安が襲ってきました。一期生パイオニア隊39名の一員として、みんな一緒に準備をし、出発もほぼ同時期でしたが、ホスト先に着いた時にはやっぱりそれぞれ一人です。

日本を知らない日本人

アメリカではじめに驚いたのは、そこで交わされるすべてのことばが英語だったことです。看板、道路標識……すべてがアルファベットで表示され、すれ違う横顔はまぎれもなく外国人――それも皆同じふうに見えました。学校では、できるだけ自分から話しかけるよう心がけました。相手を知るには、まず自分を知ってもらおうと、自分や日本の事を積極的に話しました。その甲斐あってか、日増しに友だちは増え、ことばも上達していきました。授業や勉強を通して気付いたのは、自分が思いのほか、日本のことを知らなかったことでした。歴史の授業で日本の人口を聞かれ、胸を張って「1億7千万人」と答えると、「1億4千万人」という先生の訂正に力なく萎れました。ホストファミリーのパパが来日時に購入したというTシャツの「神風」の字をなんと読むかと質問され、「じんぷう?」と首をかしげると、「『カミカゼ』だよ」と家族中で大笑いになりました。私の顔は耳まで赤くなり、同時に、アメリカまできて、しかも外国人に自国のうんちくを教わっている自分に、不思議な可笑しさを覚えました。

自分でない人を通して自分のことを知る――気付くと榊原陽さんのことばが頭の中を廻っていました。帰りの便、荷物と一緒に、100通を越える友人たちのアドレスの山を鞄に詰め込むと、シートに身体を投げ出して目をつむり、アメリカでの学びを何度も反芻しました。帰ると、40名に満たないイヤロン経験者は引っ張りだこで、日本各地に呼ばれては、経験談を話し、多くの人とことばを交わしたのでした。

シンガポールで公認会計士として働く

高校卒業後は大学に進学。そこで4年間を過ごし、就職しました。仕事場が北海道だったこともあって、そこで10年間暮らしました。その後、シンガポールに渡り、現在に至ります。職業は、公認会計士で、シンガポールに進出する日本企業の設立支援や、メンテナンスをしています。日本の公認会計士の資格取得はとても難しく――もしそれがどれくらいのものかと聞かれれば、「一日14時間の勉強を休みなく2年間続けられれば受かる」と答えるでしょう。ただそれもイヤロンの経験があったおかげで、凄く気持ちよく乗り越えられました（笑）。そうして思ったのは、イヤロンは、行って帰ってそれで終わりではないんだな……、ということでした。そこが他の留学機関で海外に渡ることとの大きな違いではないかと思います。小さい頃からヒッポ活動をベースに準備を重ね、イヤロンに行き、そして色々な人と出会う――。そうして帰ってくると、それで終わりではなく、むしろそこからが本当のはじまりだと感じる……、事実、僕

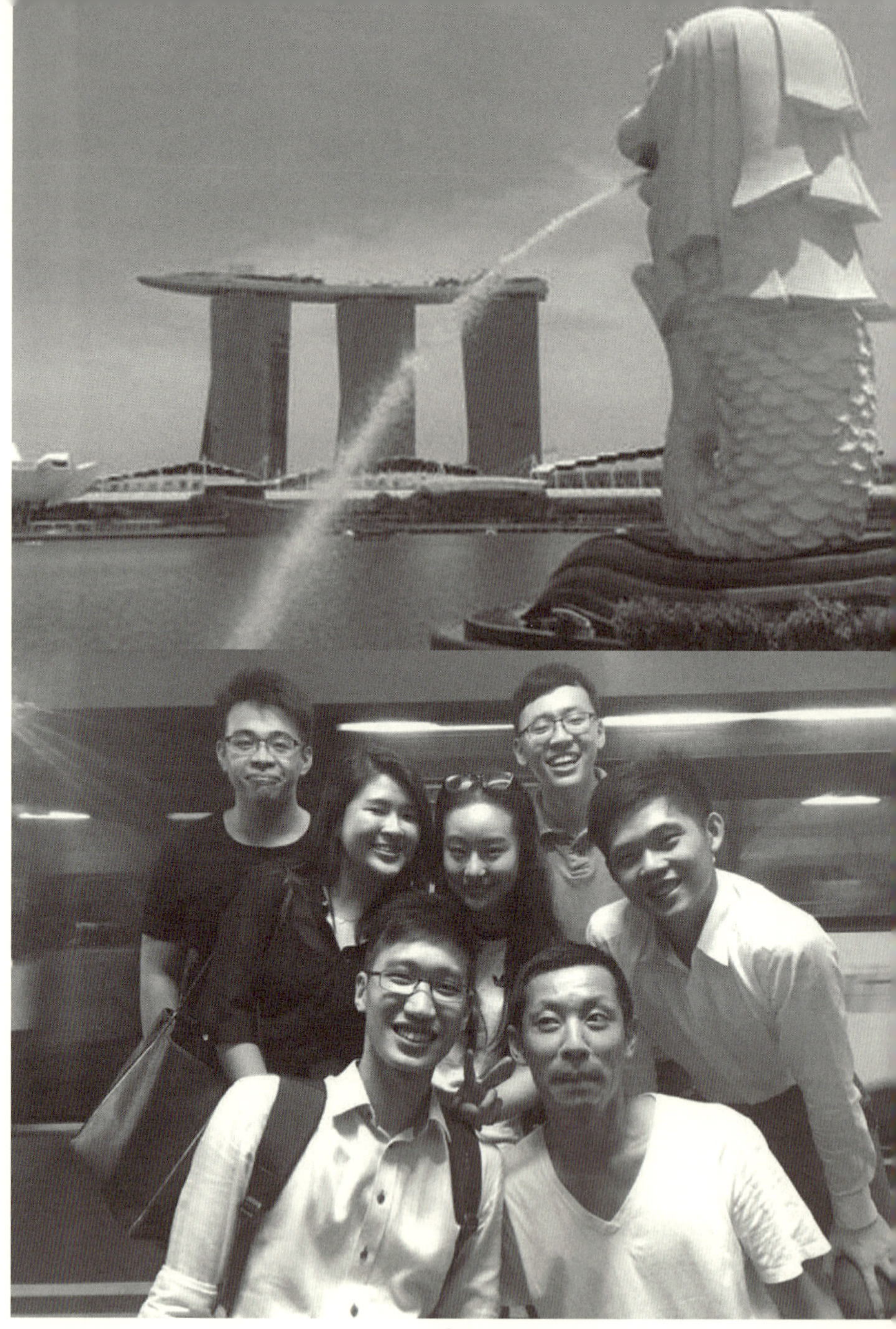

「夢に日付を」をモットーに今はシンガポールで活躍

の中では、5年経っても10年経っても、ウィスキーのようにイヤロンは続いています。

5年ほど前からイヤロンの同窓生で集まるようになりました。当初は50名ほどでしたが、昨年は100名が集いました。それぞれが思い思いのイヤロンを紹介するうち、ふと、「来年はイヤロン20周年」――という話が出ました。そこで、ぜひ、20周年の催しを、と本部に掛け合い、それから1年をかけ準備をして今日の日を迎えることができました。タイトルの「夢に日付を」は、私が同窓会の席で口にした、「いつかイヤロン同窓会で武道館で乾杯したいね。そうだな10年後にでも……」ということばに端を発しています。日付を入れれば何でも叶っちゃうよ――ということです。そんな今日を迎えて、少し気になっているのは、イヤロンの21カ国にシンガポールが入っていないことです。なんとかシンガポールを加えたいな、と。とはいえ、僕がホームステイするのは違いますから（笑）、なにかしら方策を練って……、これからも、皆と繋がっていければいいなと考えています。

帰国後の本人レポートより

留学に行く前、やっぱり留学生は特別なんだろう――そんな気持ちを持っていました。留学する人は、現地の日常会話くらいは当たり前に出来て、人間的、性格的にも優秀な人なんだろう。そんな先入観を超えて、ヒッポは行きたい人みんなが出来るだけ行けるような環境を作ってくれました。留学生の選抜方法から違う、従来の高校留学とイヤロン、二つの留学はやはり内容も違います。従来の留学では、もとから出来る人が行くため、少しのつまづきが大きな挫折を生みます。それがイヤロンでは、失敗なんか当たり前、それどころか、そもそも失敗のハードルが低い。大事なのは、外国語をできるかできないかではなく、行きたいか、行きたくないか、です。

アメリカで出会った人たちや日本で応援してくれた人たちがいたから10カ月をやり通せたと思います。留学で終わりではなく、大きなきっかけにしていきたい。そんな幸せな贈り物を手に入れる事ができて本当に最高です。

スペインのママの声

住川 友紀

（スペイン／２００８年／東京都立国際高等学校１年時）

中国に留学した大学時代

私がスペインのイヤロンで印象深かったのは、向こうで、日常的に中国人に間違われたことです。これは、特にヨーロッパに渡った人たちには、以前からよく聞いていた話でしたが、実際に、街を歩いてみると、「チーナ、チーナ（中国人）」って頻繁に指を差される……、それが本当に嫌でした。「私は日本人！　中国人じゃない」と言うとすぐに「日本て中国の何処にあるの？」日本と中国は別の国だと強調しても「日本と中国は何が違うの？」――と返され、この話をする中で、「中国なんかとは一緒にされたくない」という気持ちが心のどこかにあったんだと気付きました。無意識ではあるけれども、自分は中国に偏見を持っているんだ……、そう思った時、とてもショックを受けました。一歳の時からヒッポに入り、いままでホームステイの受け入れや海外ホームステイにも参加したりしてきて、どこの国のどんな人にも偏見なんか持っていない――と自信を持ってきました。なにより、日本との違いを答えられないほど何も知らない国に対してそんなことを思っていたなんて、なんて失礼だったんだろう……、と申し訳ない気持ちになりました。そこで、じゃあ中国ってどんな国なんだろう、知ってみようと思い、大学は、中国を学ぶことを念頭に進学先を選び、中国に留学もすることになりました。

ところが留学先の北京では、着いて2週間するかしないかの頃に、にわかに尖閣諸島問題が出て、反日デモが中国各地で発生しました。日本の家族や大学からは、「大丈夫か、もう帰った方がいいのではないか」——という連絡をもらいました。それでも、実際には、向こうで生活していても、何ら支障はなく、むしろ向こうで出来た中国人の友人たちは、「今、日中関係が危ないから外ではあまり日本語をしゃべらない方がいいよ……」などと気遣い、守ってくれる。それが凄く嬉しかったのです。留学先の大学を見ていると、中国の学生たちは、食堂でも図書館でも、朝から晩まで勉強しています。はじめて間近にする中国の人たちの暖かさ、勤勉さ……、帰る頃には、すっかり中国が大好きになっていました。

そんな風に大学生活を過ごし、今は社会人2年目を迎えています。社会人になる、一体どういうことなのか想像もつかず、入社前は不安と緊張でいっぱいでした。入社初日、上司の後ろについていくと、もう人間関係のできあがっている配属先の部署へ案内され、「今日からあなたはここで働いてください。さあここに座って。はい、じゃあ仕事はじめ、どうぞ!」と放り込まれました……。どうやらここにいてもいいということだけは分かったけれど、この先、ここでなにをすればいいのか、この先1時間後に何が起こるのかすら、何も分からない——。本当に心細くて不安で一杯になりました。でも同時に、「あ、この感覚、私知ってる」——そう思いました。イヤロンでホ

人に会って大好きになった中国

ストファミリーのなかに、ぽんと入れられるあの感覚、留学先の学校で、友だちの輪ができあがっているクラスの中に放り込まれるのと一緒だな、と気付いたんです。そして同時に、そんな不安しかない始まりから、留学の過程を思い出し、私は大丈夫と思うことができました。その瞬間、ふっと気持ちが軽くなりました。

ホストママの声

私の会社には社食がないので、お昼はそれぞれ誘い合って、思い思いにランチに出かけます。ある時、もう今日は一人でいいや——と、誰も誘わない日がありました。「たくさん皆を誘いなさい」というホストママのことばが頭に浮かんできました。スペインには「サリール」という、週末の夜に友だちと町を歩く伝統イベントがあります。ある日、いつも一緒に参加していたホストシスターが、「今日は行かない」と言い出しました。じゃあ私もいいや——ベッドに身体を投げようとする私に、ママが声を掛けてくれたのは、「そんなことを言わずに、たくさん皆を誘いなさい」ということばでした。「あなたが何も言わなかったら、あなたが誰かとサリールに行きたいなんて、誰にも伝わらないわよ」そのことばに目が覚める思いがして、たくさんの誘いの電話をかけました。この日のランチで、頭の中のママの声に、「そっか、私から誘わなきゃいけないんだ……」と気付かされ、それまで喋ったことのなかった人にも勇気を出して声をかけ、そこからまた交友の輪が広がっていきました。先輩には、「住川さんって前に働いてたことあるの？　なんかあんまり学生感がないよね――」なんて言われることもしばしば（笑）。これはひとつにはヒッポのなかで年上の人たちと喋り慣れているというのもあるのかと思います。イヤロンという10カ月の期間は終わったけど、良かったこと、楽しかったことだけでなく、悔しかったこと、悲しかったこともひっくるめて、これからも私の力になり続けてくれると思います。

（上）フラメンコの仲間たちと　（下）夏まつりにホストファミリーや友だちと

「宝物*レポート・母のことば」より

住川 真紀

帰国した日、スペインに電話をかける友紀は、何とも言えない笑顔で、アンダルシア訛りのスペイン語が止まりませんでした。その姿に、「ああ留学中、本当にこのママの娘だったんだ……」と実感がこみ上げました。日本ではいわゆる「良い子」——はみ出さない子だった友紀が、留学先では、厳しいママにいっぱい怒られ、いろいろ指摘されて何度も大泣きし、文句を言っている様子に、なんとか馴染んで帰って来て欲しい——とずっと願っていました。「いっぱい怒ってゴメンね。『あなたはhija(娘)』だから……」ママにかけられたことばに笑顔で答えながらも友紀の目から涙がぽろぽろ零れ落ちました。私もまた娘のいなかった10ヵ月が思い出され、涙を止めることができませんでした。泣き虫で、時には頑固な友紀をまるごと受け止め、「hija」にしてくれたスペインのママに心から感謝しました。応援してくださった皆さん、素敵な環境を用意してくれたヒッポ、そしてなにより大きな感動をくれたイヤロン同期生皆さんに感謝しています。

＊宝物レポート：高校留学帰国後に書く本人・親・所属ファミリークラブ・主宰者のレポート

失敗から学ぶ

Fernanda Mares
（日本／2009年／埼玉県立伊那学園総合高等学校2年に留学）

メキシコとの沢山の違い学ぶ

イヤロンの頃、私は熊谷に住んでいました。熊谷にいたころはまだ日本にも不慣れで、難しいことも、辛いことも沢山ありました。でも、反面、嬉しいこと、楽しいことも一杯でした。なにより、自分が日本に来た事が、最初は本当に信じられず、頬をつねったりひっぱったりしました。日本で過ごしていると、メキシコとの沢山の違いに気付きました。食べ物、ことば、家族、そして学校……、とくに学校はとても大きくて、人もいっぱい。メキシコにはない体育祭では、はじめてのムカデ競走や棒倒しに悪戦苦闘しながら、でも笑顔が自然と零れていました。授業では先生が漢字にふりがなをつけて進めてくれたり、仲良くなった友だちが手助けをしてくれたり…。たくさんの友だちと、素敵なホストファミリーに囲まれて、最初は馴染めなかった日本語も、少しずつ適応できていきました。それでも、そんな当時のことでとくに印象的なのは、たくさんの間違いをしたことです。とにかく同じような失敗を、何度も何度も繰り返しました。自分の何がいけないのか、どうして失敗してしまうのか——イヤロン中にはそれがどうしても分かりませんでした。その答えに気付いたのは、留学を終えてメキシコに帰国してからのことです。失敗というのはそれ自体が悪いわけじゃない、むしろその失敗から学び、成長することが大事なんだ……、そう気付きました。同じ過ちを繰り返し、そこから学ぼうとできなかったことが一番の失敗だったのだと気付きました。この気付きは、それからの人生に、大きな自信を与えてくれました。

間違いをおそれずチャレンジして一生の友だちができた！

日本との出会いが自信につながる

いま私はメキシコの大学でエンジニアの勉強をしています。日本に行く前の私は、ごく普通のありふれた学生でした。周りのみんなと同じ雰囲気で授業に顔を出し、たまには赤点をとることもありました。それが留学の経験を通して自信を持つことで、それまでの自分からは信じられないほどの変化、成果を大学では上げ続けています。大学ばかりではなく、メキシコのヒッポ本部の中でインターン生[*]として活動し、多様な学生たちと関わって、様々なプロジェクトに参加しています。毎週土曜にはヒッポ『ファミリー』のフェロウ[*]もします。フェロウになったのは、もっと沢山の人たち、子どもたちにこの活動を知ってほしい、参加して欲しい――。そして、もっと沢山の人にイヤロンで他の国に行って欲しいからです。日本でもヒッポ本部のインターン生になりました。ほかの国の仲間たちと一緒にヒッポ本部で働くことになりました。日本でも、フェロウや『ファミリー』とできるだけ多く関わりたいと思っています。なぜなら私の人生の目標は多言語活動だからです。エンジニアの勉強をしているし、も

*インターン生：ヒッポ本部や地域で、多言語活動の支援をする海外研修生　*フェロウ：地域でヒッポファミリークラブを主宰する研究員

ちろん機械も好きだけど、人間はもっと好き。だから日本の本部で働いたり、ほかの国でこの活動をしたい。ヒッポは私の人生のプロジェクトです。最後にイヤロンの修了式で書いた私のメッセージを紹介します。

高校留学のおかげで私はすごく自信を持てた。また日本に来たい。みんなに会いたい。みんなに会えて嬉しかったから。それからメキシコで大学に行きたい。そうして日本でインターン生になりたい。あとはヒッポをしている日本人と結婚したい（笑）。……夢を全部叶えたい。

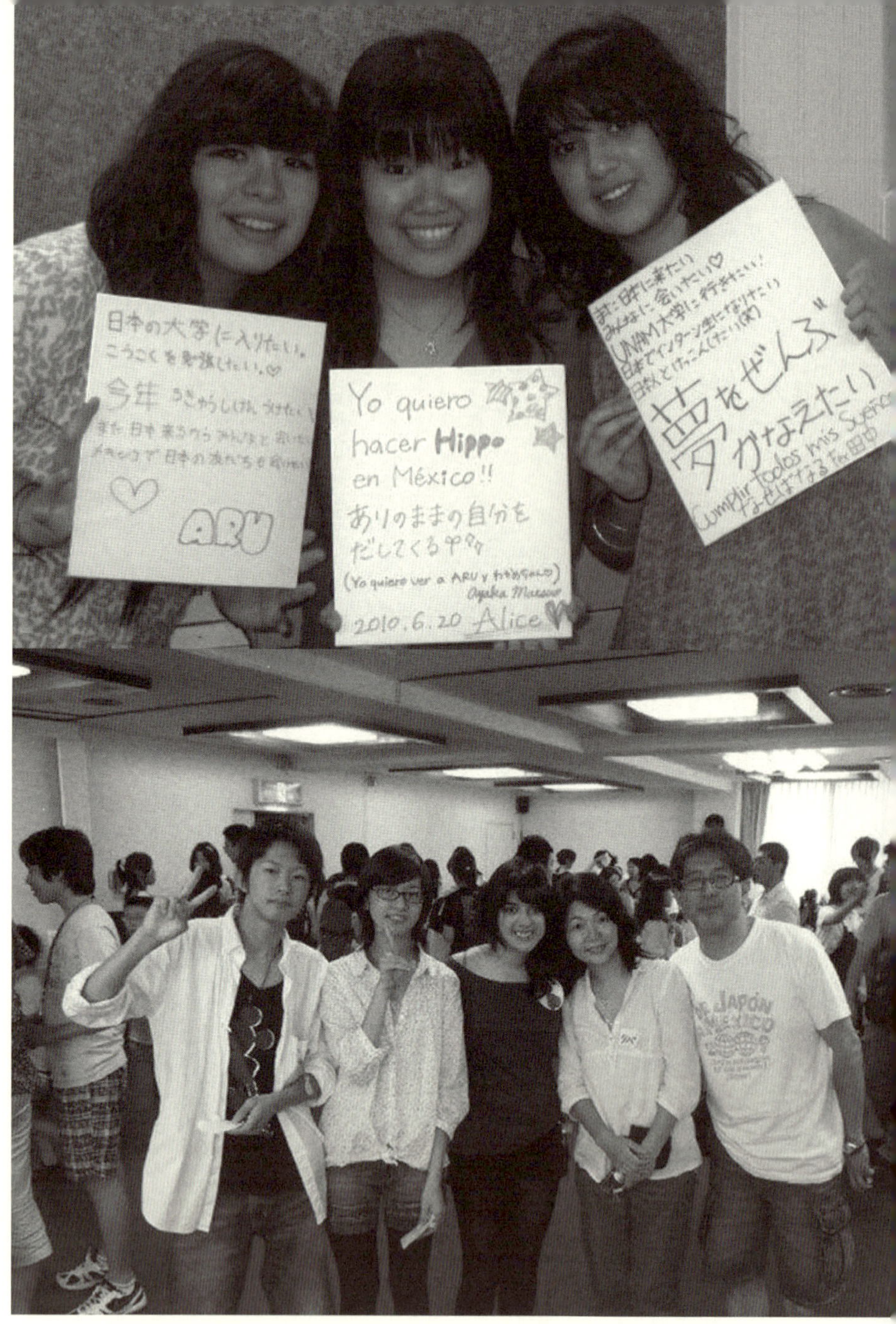

留学時代の夢が叶い、大学生になりインターンとして再来日。日本に家族や仲間が沢山できました！

日本滞在時の本人「マンスリーレポート」より

〈日本語原文のまま〉

イヤロンの始まり方最高だった！　イヤロンの書類（アプリケーション）で緊張していたけど、空港ではたくさんのヒッポメンバーが迎えてくれて本当に嬉しかった。みんなは口々に「メキシコに行ったよ」「メキシコに行きたいな」と話しかけてくれる。日本は決して「見知らぬ土地」じゃない。

私がお世話になるホストファミリーは田中さん。まずはママ——すごく若い感じ。話し好きで、友だちがたくさんいる。料理もとても上手。あやか——長女。アメリカの大学に通っているから、2週間しか過ごせなかったけど嬉しかった。丸々君——長男。一緒にヒッポに通うのが楽しい。もっちゃん——弟。ギターがうまくて、いろんなアニメソングを教えてくれる。お父さんは韓国に住んでいるそう。学校では友だちづくりが大変だけど笑顔で乗り切ってる。担任の先生は優しくてスペイン語が少しできる。いつも短パンに長靴下、派手なシャツにサスペンダー……不思議な格好。部活は弓道部。難しいけど楽しい。部活でも友だちがたくさんできるといいな。これからもっとみんなと私の国のことをシェアしたい。

家族の体験記

子どもたちの未来にどんな世界が

大平　道子（言語交流研究所 研究員、埼玉県川越市ヒッポファミリークラブ・フェロウ）

桃子（ドイツ／２００７年／私立山村女子高等学校１年時）

咲菜（フランス／２０１４年／私立山村学園高等学校２年時）

多言語で育つってどんなこと――大平 道子

私はイヤロンに娘二人を送り出した母親です。イヤロン卒業生1600名それぞれの家族に、みんなドラマがあるかと思うと、こうして話す機会をいただけたことを光栄に思っています。今日は、最初に2007年にドイツに送り出した長女の話を中心にしたいと思います。

イヤロンは今年で20年目を迎えますが、一期生を送り出した当時、転勤族の主人について日本各地を転々とする我が家は、新潟に暮らしていました。長女の桃子はまだ5歳でした。一期生の乗り込んだ新幹線を見送る旅立ちのホームは、高揚感に満ち満ちて、私たちはちぎれんばかりにただ手を振り続けました。やがて小さく消えゆく車両を遠く見つめながら、ふと隣に佇むフェロウの佐藤恵美子さんが言いました。「小さい頃からヒッポに入ってイヤロンに行く子ども、それに、高校留学の選択肢の一つとしてイヤロンを選ぶ子もいる。そのスタートの一期生たち――。モモちゃんが行く頃には、多言語で育った子どもたちがイヤロンに行くことになるよね。楽しみだね」

……。このことばは、今も私の中にイヤロンの原風景としてずっと残っています。そのことがあってからというもの、多言語で育ってどんなだろう、ヒッポの子どもたちの未来にどんな世界が待ち受けるんだろう……、そんな想像をめぐらせては、心を弾ませていました。その後、桃子は、ヒッポの青少年交流で小学5年生の時には韓国へ、中学一年でアメリカへと、ホームステイ交流に出かけ経験を重ねました。そうして、ついに娘は中学3年生、次はいよいよイヤロンという時期にさしかかりました。ちょうどその頃、一家は今の埼玉県さいたま市に腰を下ろしていました。しかしなにしろ「イヤロンに行く！」という決意をするには、膨大なエネルギーが必要です。それでも、周囲の熱心な助けもあって、娘はどうにか決意を固めることができたようでした。ところが安心も束の間、そんな時難しいのが親心です。やっとの思いで勇気を振り絞り、一人で旅立とうという我が子に、「もっとこうすればいいのに」や「なんでもっとしっかりできないの……」と、大人、親目線の歯痒さを抑えることができません。そんな私を見かねるように主人は、「お前なあ、親が子どものことを信じてやろうよ。俺はもし自分だったら、イヤロンに行くなんて決心できないよ。イヤロンに行くって決めたことが凄いじゃないか」——噛んで含めるように言いました。「本当にそうだなァ…

……」穏やかに腑に落ちてゆくそのことばに、心の底からそう思いました。留学の体験談を集めるあまり、私は耳年増になりすぎていたようでした。こうしたらいい、ああすればいい……、思えばそんなことは些細なことでした。イヤロンという一大冒険に踏み出すことを決意した娘を一人の人間として尊敬しよう——そう話す主人のことばは、装飾を施されショーケースに納まった私の中のイヤロン像をリセットし、無垢の姿を取り戻してくれました。同時に、同じ親としてそんな風に娘に接することができる主人に、改めて尊敬の眼差しを向けたのでした。

親子で乗り越えた留学の日々

出発までの期間、桃子はいっそうヒッポと真剣に向かい合うようになり、やがて朗らかにドイツへ出発して行きました。私は、「よし、もう子どもはへその緒を切って出した。メールや連絡は基本的になしにして私も頑張ろう——」と、前を向きました。けれども、イヤロン生たちが経験するように、1年の間には良い時もあれば、悪い時もある……、それは親も同じです。年明けのある時期、いろんなことが重なり、私はひどく気持ちが落ち込んでしまいました。そんな時、へその緒を切って出したはずの我が子から、ふっとメールが届きました。

〈ママ、そういう時もあるんじゃない。私はドイツに行ってから「ダサい、ダサい」の連続だよ。ホストのママに、「あなたは「ヤー」と「ナイン」しか言わない」って言われたり——。でも私は日記を書いているの。それを読み返すと、今は辛いと思っていることでも、「なんだ、こんなことで悩んでたんだ」と笑える時が来るよ。だからママも日記を書いてみたら——あなたならできる！　私の一番！（Du Kannst das！Du bist meine beste！）〉と締めくくられていました。読み終わった瞬間、両目から大粒の涙が零れ落ちました。それはしばらく止まることはありませんでした。いつの間にこんなに成長したんだろうか——。慰めやアドバイスではなく、私の傍に寄り添って一緒に考えてくれている……、そんな娘のぬくもりを確かに感じました。ドイツと日本、９０００キロの距離を越えて、私のことを本当に懸命に考えてくれている我が子の心を感じました。イヤロンでの子どもの成長は親の想像をはるかに超えるものでした。そして、遠く離れていても家族は繋がっているとも感じました。家族ってなんだろう、自分ってなんだろう、ことばってなんだろう、ということを親も子も考

自分次第で、人との関係を深めることを見つけたドイツでのイヤロン

える10カ月間……、まさしくイヤロンは家族のプログラムだと思います。

そして我が家では姉に続けとばかりに、次女もイヤロンに飛び立ちました。咲菜の時には、ヒッポの多言語環境もかなり豊かになり、その経験を持ってフランスへ向かいました。次は娘たちがその体験を語ります。

ヒッポの自然習得の正しさ実感――大平 桃子

いま私のイヤロンを振り返ると、〝本当に長い間ヒッポに入っていて良かった〟と言えると思う。周りの人から言われたことや、その口癖をひたすら真似したり、いつも人となにかするようにアプローチしていた。たくさんの人と関わったからこそ、たくさんドイツ語が自分の中に入ってきたと思う。本当に赤ちゃんからやってきたんだもの。ヒッポの自然習得の正しさを改めて実感。ドイツは、とても懐が深かった。私をただの異邦人、日本人というんじゃなくて、ちゃんと桃子として、ひとりの人間として受け入れてくれる。そんな彼らのおかげで、次第に私もいろんな人に心を開けるようになった。全部自分次第だった。そうして自分が心を開けば開くほど、相手を受け止めよう、分かり合おう、と思えば思うほど、相手もそれに答えてくれた。そういう目には見えないコミュニケーションや、相手の目を見て話す事とか……、本当に数えきれないほど、家族から、友だちから、ドイツから学んだって思う。本当にイヤロンに行ってよかった。

フランス語は周りの人と共に生きてきた証——大平 咲菜

私はお母さんのお腹の中にいる頃からヒッポに参加していて、高校2年生の夏、1年間フランスに行ってきました。どうやってフランス語を話せるようになったかというと、周りにいる人の声や仕草をまるごと真似ていたら、いつのまにか自然に話せるようになっていました。具体的には、挨拶のときの手振りや、フランス人が話す独特の英語など、それこそ、ありとあらゆることを真似ていました。そんなふうにして話せるようになった私のフランス語は、周りの人と一緒に生きてきた証なんだと、話すたび、本当に強くそう感じます。イヤロンに行って1年以上経ちますが、その間に、LMP*、韓国大学生交流、上海の多言語キャンプ……、と参加を続けました。イヤロ

*LMP：LEX Multilingual Presentation の略。自分の体験やメッセージを三ヵ国語以上で発信する多言語プレゼンテーション

私がフランス語を話せるようになったのは、周りの人と一緒に生きた証！

ンから帰ってきてからも、自分の世界がどんどん広がっていっていると日々、実感します。最近は、この多言語環境の居心地の良さと、ファミリー・家族の空間の重要性に興味が湧いてきて、将来はヒッポの活動にもっと深く関われたらいいな、と思っています。

「宝物レポート・母のことば」より

大平道子

2年前、イヤロンの準備を進める娘に心の持ちようの変化を聞くと、「まず最初、人が好きになって、それから会話が好きになった」――そして、「今は人に無関心でいられなくなった」と答えました。もちろん多言語の環境のおかげでいろんなことばを歌うのも好き――とも笑顔で。そんな娘は、視線も真っ直ぐにフランスへ向かい、この6月に帰国しました。空港からの帰途、車中の人となった娘は、日本語、フランス語、それに英語……、もうことばが溢れて止まりませんでした。とにかく話したくてたまらない、とばかりに娘の口から止めどなく湧き続けることばの洪水に押し流されながら、人間はこんなにも自分を開くことができるのか、とただ驚きました。ヒッポで言

*ことばを歌う：どんな言語でも、聞こえるままにメロディやリズムをとって歌うように口ずさむこと

うように、本当にことばは全体から、人のしぐさや大まかな特徴から話せるようになる——。そう実体験を交え、ことばの自然習得を一息に話した娘は、「とにかく、話す、話す、挑戦、挑戦、挑戦！の連続だった」ということばを最後に興奮を閉じ、バックシートに身体を預けました。その姿を見てはじめて、ああそうか、娘はイヤロンの10カ月で、赤ちゃんから等身大の高校生まで——18年分を駆け抜けたんだ、と気付きました。そして現在——「フランスで愛をいっぱいもらった。その愛を今度は私がみんなに」——それがイヤロン後の娘の心持ち。多言語活動は未知なる自分に出会う冒険！

高校時代に留学する意味とは

梅本　和之
（フランス／1999年／東京都立八王子東高等学校1年時）

できなくてもいい、という気持ちでいられることの素晴らしさ

1999年、イヤロン3期生としてフランスに留学しました。高校で1年間の留学を経験した私は、その後大学の交換留学で再度1年間をフランスで過ごしました。大

学卒業後は新聞社の営業部門に入社。当初は国内での仕事が中心でしたが、デジタル部門への異動の後、２０１３年からアメリカ・西海岸のベンチャーキャピタルでインターンをする機会をもらい、3度目の海外滞在を経験しました。留学を経験する人は、大学ではじめて留学するというケースが多いと思います。私の場合は幸運なことに、10代、20代、そして30代とそれぞれ1年ずつ海外で過ごすことができました。そんな経験を踏まえて、なぜ10代の留学は、イヤロンは素晴らしいのか——私の考えを述べたいと思います。

なぜ高校で留学するのでしょうか。楽しい日本での高校生活を自分から離れることについて、正直迷いもありました。ただ、私が高校時代・10代で留学をして一番良かったな、と思うのは、〝勉強のプレッシャー〟が少ないことです。できなくてもいい、という気持ちでいられることが、高校での留学の最大のメリットではないでしょうか。そう思えることで、毎日の生活のプレッシャーから（少なくとも勉強面においては）開放され、気持ちに余裕が持てます。事実、私が大学時代に留学したパリ政治学院では、留学生向けの最初のオリエンテーションで、「あなたたちはここにフランス語を学び

イヤロン後も大学留学で再びフランスへ

に来たのではありません。フランス語で勉強をしに来ているのです――」と言われ愕然としました。既に1度フランスへ留学し、大学でもフランス語を学んでいた私ですが、まだスタートラインに立っているだけだと実感しました。それからの日々は、毎週5冊から10冊の本を読んではレポートを提出、授業のプレゼン準備に追われ、半期ごとの試験は4時間の小論文形式と、2度目の留学でも当初は悪戦苦闘の毎日でした。前期が終わる頃には、少しずつ力の抜きどころも分かりはじめ、友だちと遊ぶ時間もできましたが、これが初めての留学でなくて良かったと思いました。更に社会人ともなると、仕事をしなくてはいけません。勉強で人に迷惑をかけることは少ないですが、仕事だと思うとプレッシャーを感じます。そのような側面から見ると、高校での留学は時間、気持ちの両面で、とても余裕が持てます。失敗を経験にするためには早いに越したことはありません。高校留学で沢山のミスや失敗をして、成長することができたと思います。

海外渡航前に仲間ができるメリット

イヤロンの特徴はなんと言っても、行く前に一緒に行く仲間が出来ることです。現在のようにSNSが普及しておらず、留学中はメールですら頻繁にはできませんでした。そんな中、他の国で頑張っている仲間のマンスリーレポートを読むことで、お互いの悩みや苦労を共有でき、海外生活の孤立感を和らげるのにとても役立ちました。帰国後に体験談を話す場が沢山あるというのも、とても良い作用があると思います。人前で話すことで、その反応やそこでの質問、交流などから自分では気づかなかった新しい発見や気づきがあり、そこに自分自身の成長の種が隠れているからです。このように行く前、留学中、帰国後とそれぞれにいろんな機会やサポートがあったからこそ、その後につながっていったと思います。今、多言語活動やイヤロンの経験の成果を感じるのは、言語の習得以上に、海外での経験や様々な環境を体験したことで、どんな環境でも柔軟に馴染んで打ち解けることができるという点だと思います。言語の面では2カ国語以上を使えるようになることで、相対的に英語が簡単に思えるということも大きなメリットだと感じています。

最後に高校時代のエピソードをひとつ。私が99年に人口が7000人ほどのフランスの小さな田舎町で1年を過ごし、迎えた最後の英語の授業、先生がクラスメイトに次々と感想を聞いてくれました。「彼（＝私）がいた1年間の印象を――」質問は概ねこんな内容です。好意的な受け答えが続くなか、一人の女の子がこう言いました。「フランス語を一言も話せないのにここに来て、最初は何をしに来たのかと思った。でも、少しずつ話せるようになり、授業での発言も増えていった。今ではクラスで良い成績を取るようにまでなって。彼を見ていたら、私も不安だったドイツ留学をしてみようと、自信が持てるきっかけになった――」彼なんかでも、という口ぶりが少し気になりましたが、その一言が私の高校留学時代、最高の思い出のひとつです。

「宝物レポート・父のことば」より

梅本　和比己

息子が10カ月ぶりにフランスから帰ってきました。出かける前は、自己紹介以外に一言のフランス語もできませんでしたから、どうなることだろう、と内心不安もありました。実際、受け入れ先の学校でも、先生たちは大変だったようです。それでも3カ月も経つと、友だちとの日常会話が、半年を過ぎる頃には先生とのコミュニケーションが取れるようになり、8カ月目には授業を理解するまでになりました。最後の授業、息子の10カ月を間近にした、クラスメイトは「一言もフランス語を話せない人が、1年足らずで日常生活を送り、テストで好成績を取るのを見て、自分たちもやればできる、と確信できた」と話したそうです。そんな息子の成長を支えてくれたのは「分からなくて当たり前だよ」と言いながら、嫌な顔ひとつせずにことばをかけつづけてくれた彼らクラスメイトたち。帰国間近には「飛行機が飛ばないように！」と別れを惜しんでくれた彼らとのつながりが、息子に、ことばだけでなく、人間的な成長をくれたのだと感謝しています。

親娘孫 三代記

体験は人生とともに熟成

辻村 ナナ
（言語交流研究所 研究員、神奈川県横浜市ヒッポファミリークラブ・フェロウ）

古舘（旧姓・辻村）頌子
（オーストラリア／１９９８年／私立大東学園高等学校２年時）

古舘 葉治
（カナダ／２０１７年／神奈川県立新栄高等学校１年時）

中学1年でアメリカ・ユタ州にホームステイ──古舘（旧姓・辻村）頌子

私の生まれは神奈川県大和市です。私は5歳のころから、家族と一緒にヒッポに入っていて、中学一年で、ひと月アメリカに、そして高校2年生の時、イヤロンで一年オーストラリアに行きました。時は流れ、私も子を持つ親となりました。子どもは今年、中学三年生になり、イヤロンに出願しました。これはこれで大変嬉しいことでしたが、ここではまず、私のホームステイやイヤロン体験を話そうと思います。

中学1年でアメリカのユタ州にホームステイした私は、思春期に揺れる不安定な心を慣れない環境で持て余していました。ステイ先は母子家庭で、ママはいつも仕事で忙しそうにしていました。ホストの一人娘と二人きりの家は、食事も満足に用意のないまま、いつも家の中には不機嫌が充満していました。喧嘩続きの一カ月が終わり、帰ってからも、体験を話す場で、口をついて出るのはネガティブな文句や愚痴ばかり。そんな自分が本当に悔しくて、でもどうしようもありませんでした。リベンジを期し、高校2年生の時、イヤロンでオーストラリアへチャレンジしました。通う高校のクラ

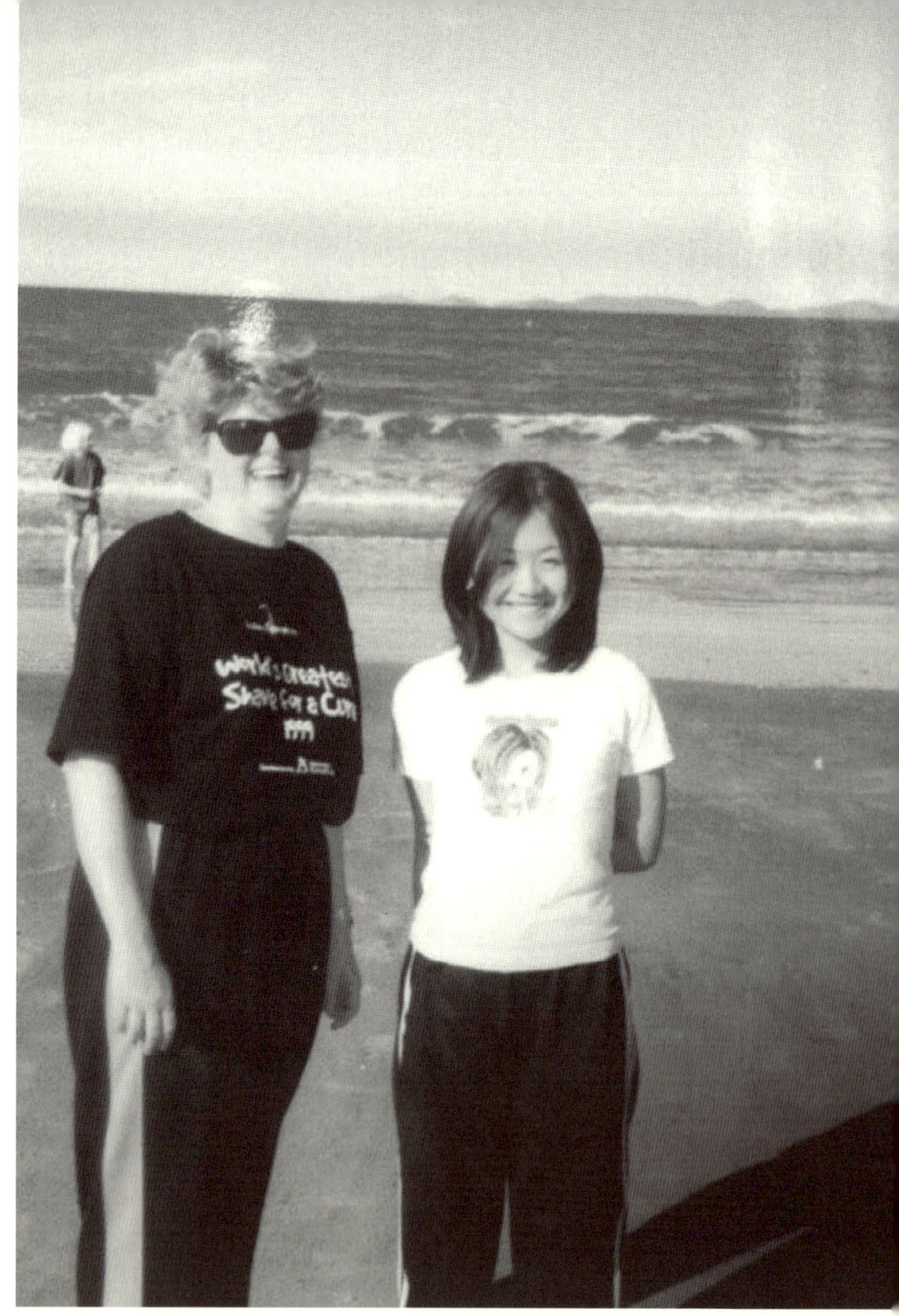

精いっぱいだったオーストラリアでの留学生活

スには日本人留学生が16名いました。そんなふうですから、どうしても日本人だけで固まってしまい、なかなか現地の子たちと交流する機会がありませんでした。お世話になるホストファミリーはまだ小さい子ども3人を抱えていて、親たちは毎日金切り声を上げ、子どもたちを追いたてていました。異国の小さな保育所のような中で、またも私は、笑顔を失い、やがて食欲も失くして、ついにホストチェンジし、その後入院しました。イヤロンを終えて、心も身体もつかれて帰路につきました。リベンジ失敗。またも散々な留学経験だった……、そう思いました。

母になった私は、我が子をいつか留学させたい、と

こうして再び流れ始めた日本の日常、慌ただしい毎日を夢中で駆け抜け、結婚。子どもも生まれ、いつしか私は母親になりました。胸に抱く我が子に視線を向けながら、この子をいつか絶対イヤロンに行かせたい――なぜかは分かりませんがそう強く思いました。私は子どもが3歳で母子家庭になった時から「イヤロン貯金」を始めました。どうして行かせたいのか自分でも分からないまま、しかし地道に着実に「イヤロン貯金」

は記帳欄を伸ばし続け、気付けばついに息子は高校留学目前の年齢にさしかかりました。そうなって改めて、なぜ自分はイヤロンに良い思い出がないはずなのに、子どもを行かせたいのか……、と思いをめぐらせてみました。そして、それはやはり、離婚、再婚を経験し、大人の階段をのぼる過程で、ヒッポのメンバーや自分の家族にイヤロン体験を話すたびに、どんどんと過去の体験が膨らんでいったことが大きいのだと気付きました。アメリカの母子家庭では、自分の家族だけでも大変なのに、私を受け入れ、数少ない休日には、遊びや観光に連れて行ってくれました。恵まれた環境から赴いた当時の私は感謝できませんでしたが、同じくシングルマザーの経験から、今思い返すと、彼女たちなりに頑張って接してくれていたということに気づきました。もっと優しくしてあげればスストの少女は、いつも寂しげな目をしてこちらを見ている。記憶の中のホストの少女は、いつも寂しげな目をしてこちらを見ている。もっと優しくしてあげれば良かった。オーストラリアでは、留学生だけで固まらず、積極的に現地の子と交流すれば良かった。それに今、私のお腹には3人目の命が宿っている。ただでさえ下の子はうるさすぎてもう毎日大変な思いなのに、そこにさらにもう一人加わることになる。こうなれば当然、子どもが3人もいれば家が騒がしいなんてごく自然な事、と分かります。そんな大変な中で私を受け入れてくれていたのに、ホストチェンジしてしまって申し訳なかった。はじめはネガティブな部分しかないように感じていた思い出が、どんどんと温かいプラスの輝きを放ちはじめたのです。現地での経験も、そして帰ってからも、イヤロン体験は熟成を続け、成長をくれるのです。それが「子どもをイヤロンに行かせたい」と願う気持ちの答えでした。

子どもが高校留学に行く、という決意を持ってくれたのは本当に嬉しいことで、これからは、親として、そしてイヤロンの先輩として、家族で楽しんで行けると思うと、今からとてもワクワクしています。

留学貯金をしてくれた親に感謝――古舘 葉治

最初はイヤロンに行く気はまったくなくて、親たちに、行け行け、と急き立てられても、「絶対に行かないぞ」の一点張りでした。それがある日、仮出願でいいから書け――と迫られ、反抗の気分にかられた僕は、じゃあもう本出願でいいから書くよ――と勢い込んで書いてしまった。頭が冷えてから、どうしようヤバい、本当に書いちゃったよ、とようやく焦り出しました。でもそれから、何度もヒッポで沢山の留学体験

娘のイヤロンチャレンジから、親子３代の家族の楽しみに

談を聞いているうちに、いつしか、向こうにいったら何をしよう……、と想像を膨らませている自分に気付きました。そうして、なんだ、自分は本当は行きたかったんじゃないか……、とも気付き、今ではむしろ、粘り強く説得を続け、「イヤロン貯金」をしてくれていた親に感謝をしています。

娘、孫を通じて親も留学を経験する楽しさ――辻村 ナナ

常日頃から、娘と孫と楽しくヒッポの多言語活動をやる中で、今回、孫の出願となったことを本当に嬉しく思っています。3世代でヒッポをしている家族は、ほかにも多くおられるかと思いますが、私は、娘と孫のイヤロンを通じて、親ロン*を経験することもまた、大変嬉しく思っています。来年の1月にはまた我が家に新しい家族が増えますが、そうしたことも含めてこれからもずっとヒッポを続けていき、またその中で私自身も新たな気持ちで多言語活動で学んでいける、と楽しみにしています。

＊親ロン：高校生が海外で留学している期間、その親たちも日本で何かにチャレンジする

箕面市でヒッポの『ファミリー』始めます！

加籠六（旧姓・太田）千尋

（スペイン／2005年／私立神戸龍谷高等学校2年時）

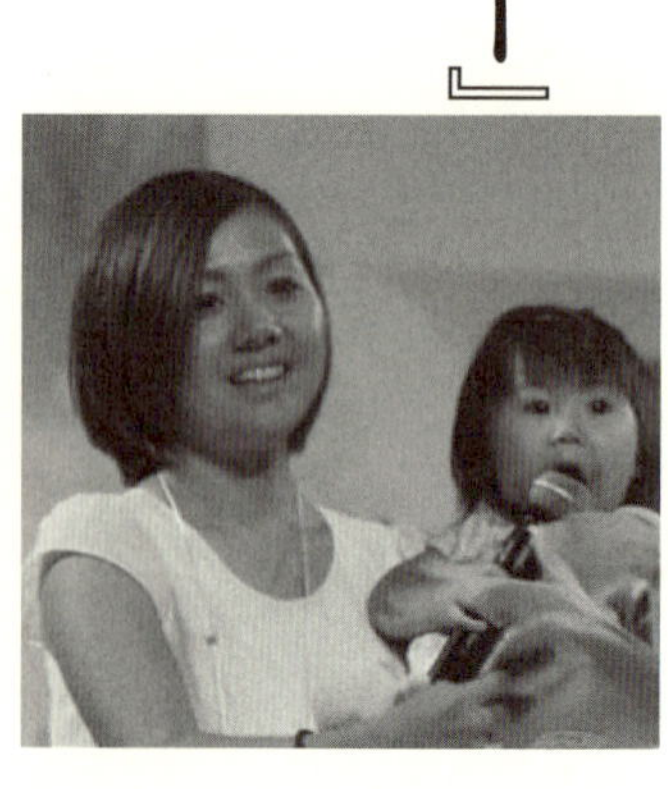

小五で韓国、中一でアメリカに

私は2歳の頃に、家族が横浜でヒッポファミリークラブに出会いました。ほどなく家族は神戸に引っ越すことになり、そこでまたヒッポを続けました。海外交流の体験は、小学校5年生の時、韓国、中学1年生でアメリカへホームステイに行きました。そしてイヤロンでは2005年にスペインに行きました。その後、私は結婚し、子どもをもうけ、今では新しい家族5人でヒッポを楽しんでいます。一番上の子は小学校1年生、真ん中が幼稚園の年長、3番目の子は2歳になったばかり。先日、スペインの人と会う時があったんですが、スペイン人とことばを交わし、通じ合う2歳の我が子の姿に、やっぱりヒッポ育ちは凄い、と心の底から驚きました。まだ日本語も満足にできないのに、スペイン語で会話してしまう……、こんな環境は本当に凄いなって。だからというわけではないんですが、今度私は、地域でヒッポファミリークラブの活動の場『ファミリー』を立ち上げようと思っています。今日は何故私が始めようと考えたのか、その話をします。

イヤロンも経験し、多言語活動との付き合いも物心つく前からの私ですが、その道のりは必ずしも平坦ではありませんでした。それどころかヒッポを好きではなかった時期もありました。そんな時には、どうしてメタ活[*]なんてするのか、意味あるのか——と疑いや反発も覚えました。そうしたヒッポへの灰色の視線が空色に変わった出来事がイヤロンでの体験でした。スペインに渡り、ことばが通じない間、私は、いつ

＊メタ活：Meta language activity の略。どんなことばでも、聞こえるままにメロディやリズムをとって歌うように口ずさむ

ことばも含め、まるごと真似してきたスペインでのイヤロン生活

のまにか一心に何でもかんでも真似をしていました。そうするうち、見知らぬ国で緊迫する周囲の空気が、少しずつとけてゆくのを感じました。

さまざまな世代が子どもを育てる環境

生まれた子どもたちも、ヒッポの多言語活動の意味を教える後押しをしてくれました。彼女らは、私の喋ることばをただ真似します。関西人の私の口調をそっくりなぞって、「あかん」「なんでやねん」――。「あかん」は、口調の強さでそれぞれニュアンスが変わるのですが、そこもしっかり意識して発音しています。これはもう、〝自然発生のメタ活〟と言えると思います。そしてヒッポではこうした環境が21カ国で用意されている――そういうことなのだろうと。2年ほど前から、上の子が、「どうしてうちにはヒッポがないの。やろうよやろうよ――」と言い始めました。私は、2年かかって仕事を調整し、ようやく目処をつけて、「ママ、フェロウやろうと思うんだけど……」早速子どもに告げました。するとなぜか娘は、わんわんと大きな声で泣き始めたんです。驚いて理由を聞くと、「なんでママだけやるの。私もフェロウやりたい！」と小さな身体を精一杯大きくして迫る。私は「いやいや、それは大人の事情だよ――」って（笑）。それから半年、子どもは少しずつ、自分たちも一緒にヒッポを、フェロウをやるんだ……、と理解してゆき、日々着々と準備は進んでいます。

この間も「フェロウになったらなにをしたい？」上の子二人にそう聞くと、「メタ活をちゃんとする」「走らない」――だって。いつも走ってるけどね（笑）。それから「SADA*をみんなに決めさせてあげる」――フェロウは周りにしっかりと気を配らなければいけない役目でもあります。分かってか分からずか、そこを自然と理解している。思わず頬が綻ぶのを感じました。最後に長女は神妙な面持ちで「でもさあ、ママ。ヒッポは難しいかもしれないし、簡単かもしれないし……、まあ頑張ったりしなくてもいいけど、考える事が大事だよね――」と一言。負けた、小一の娘に――。

そのときは本当にそう思った（笑）。まだファミリーは立ち上がってもいないけれど、そんな彼女たちを見ていると、つくづく私たち夫婦だけだったら、こんな子どもには絶対に育たなかったな、と思う。ヒッポで、いろんな世代がいる環境で育つ子どもたちの、特にこの半年の成長は本当に目覚ましい。仕事が忙しく、普段あまりヒッポに参加できなかった夫にも少しずつ変化が――以前は日本人以外は「外人」、俺は英語が

＊ＳＡＤＡ（サダ）：Sing Along! Dance Along! の略。世界の歌や音楽と共に歌ったり踊ったりすること

家族みんなが成長――ママと三女恋華はこれからヒッポワールドインターンシップで２カ月間メキシコへ！

話せない……と言っていた夫は、いろいろな人に出会っていくうちに、どの国の人も「同じ人間だな」と思うようになりました。子どもたちだけではなく、私たち夫婦も仲間と一緒に育っていく環境を家族でつくっていきたい、そう願って私は、箕面市で新しく『ファミリー』を始めます。

「宝物レポート・本人のことば」より

10カ月、めっちゃ速かったナ。毎日いろんなことがあって、気分が上がったり、下がったり。ホストのパパ、ママ、カルロス、パウラ——本当に楽しかった。はじめの頃は、学校の友だちも私を「留学生」「日本人」って見てた。でも今では、みんな一人の友だちとして——千尋として見てくれる。楽しいとき、悲しいとき、苦しいとき、嬉しいとき……もう全部が宝物。信頼関係を築くのって本当に難しかった。だから、初めて信頼された、と感じたときには心の底から嬉しかった。いつも助けてくれた向こうの家族や友だちと、一緒にバカなことをして笑って……本当に楽しかった。出会った人、ひとりひとりに感謝している。このイヤロンで気付いたこと、学んだことをこれからに生かしていきたい。

ヒッポに出会って
イヤロンへ突入!

伊藤 力星

（アメリカ／2015年／東京都立北園高等学校3年時）

日本を離れ、海外の家族に飛び込む

僕のヒッポ歴は2・5歳です。そのうちの1年をイヤロンで過ごしています。だから、実際のヒッポ活動歴は1・5歳くらいでしょうか。イヤロンのことを知らなかったころの僕は、高校で留学に行くつもりなど毛頭なく、留学に対しても、大学に行ったら考えよう――というくらいのぼんやりとした感覚でした。それが、ヒッポに入り、イヤロンの話を聞くうちに、高校留学をしたい、という思いが日増しに募るようになりました。大学留学が学問を中心とするのに比べ、高校の留学は、ホストファミリーとの人間関係や、文化交流に重きが置かれます。日本を離れ、海外の家族に飛び込む自分……、他国の文化に触れたとき、どんな化学反応を起こすだろうか。そんな考えが僕の心を強く捕らえていました。それでもやはり、1年間を見知らぬ土地で過ごす心理的なハードルは高いもの。なかなか決意が固まらないままに時は過ぎ、とうとう高校3年生になりました。最後のチャンスを前に、なお腰を及ばせる僕に、ひとりの帰国生がこう言いました。「イヤロンを終えたとき、その不安も含めて、何もかもが、かけがえのない価値あるものになる」このことばに最後の一押しを得た僕は、ついに海外に飛び出すことを決めました。

考えていなかった高校留学で、海のむこうに家族ができた。かけがえのない人たちに出会えた

全てのことを全身全霊で楽しんで

留学先のアメリカ・アリゾナ州では、この一生に一度の機会を逃すまい、と、すべてのことをいつも全身、全力で楽しみました。アメフト、レスリング、チアリーディング、それにもちろんプロムにも。何日もかけ特大のポスターを作り、入念に準備を重ねて、女の子を誘いました。彼女は嬉しそうに目を細めると、その唇は「ＹＥＳ」と動きました。また、ときには、どうにもしようがない、というような辛い経験をすることもありました。慣れない気候・風土に、僕は喘息を患いました。少しでも激しい運動をすると、呼吸困難になるこの病気は、最後の最後、レスリングの最終戦の前に立ちはだかり、ドクターストップを受けた僕は、渡米してはじめて大粒の涙を流しました。帰国の日、辞書をひきながら、たどたどしい日本語で「君がいなくなると寂しい」――そう微笑む友人がいました。ホストファミリー、友人、先生……、本当に良い隣人に恵まれたと思います。いま思い返してもイヤロンでの後悔はひとつもありません。晴れ渡る青空のように、その思い出は、澄み切って、透明です。いつかまた、

自分の変化を楽しみにとびこんだアメリカの高校生活

アメリカに渡り、お世話になった彼らに「THANK YOU!（ありがとう）」と言えたらいいなと思います。

「宝物レポート・母のことば」より

伊藤　久未

力星がアメリカから帰って10日が経ちました。いま改めて、イヤロンに行かせて良かった――心からそう感じています。もともと留学は、私の憧れで、そんなことから、息子には高校で2回の短期留学を経験させました。2度の海外と、ヒッポとの出会いが、イヤロンという大きな冒険を決意させたのでしょう。それでも準備の段階では、親子ともにハラハラの連続。それだけに、日本では部活もしていなかった力星が、多くのスポーツに挑戦してきた、と見せた笑顔は、嬉しい驚きでした。写真を見せながら続ける海の向こうの物語には、海外ドラマから抜け出たようなハイスクールや、町並みが次々と登場し、その夢のような世界から帰って来た現実と日常に、今はまだ戸惑いを感じている様子でした。それでも、今の自分やイヤロンの経験を作ったのは、これまで出会ったすべての人たちのおかげということを、謙虚な気持ちで認識し、感謝の気持ちを忘れずにこれからを生きて欲しいと思います。帰国後、力星は、頻繁に「ありがとう」と言うようになりました。この姿勢をずっと続けてくれたらいいな、と願います。そして私からも「やりきってくれてありがとう」――そんなことばをずっとかけてあげたい……。息子を導いてくれたすべてのみなさまへ――ありがとうございました。

意外といけるかも
始まったイタリアンライフ

加藤　結羽

（イタリア／2016年／東京都立国際高等学校1年時）

ふと口から出るイタリア語で家族の心をゲット

イヤロンに行く前の私の頭に、最初にあったのは「きっとイヤロンの最初の時期は、まずことばの壁などにぶつかって、落ち込むことがあるんだろうな……」というイメージでした。それが、いざイタリアに渡り、はじめてホストファミリーと顔を合わせたとき「あれ、なんかことばがわかる。意外といけるかも」という感覚でした。ママが「今日は熱いね」と言えば、「Anche Giappone（日本もだよ）」と答え、奇麗な景色を眺めれば「Non ci posso credrere（信じられない）」と、自然にイタリア語が口をついて出てくる。「今度ベネチアに連れていってあげるよ」と言われたときには、「Non vedo l'ora（楽しみ）」と笑顔を返す。また、ある休日には、ピザを作りながら材料を説明してくれるパパの声に耳を傾けていると、ふと「integrale（小麦）」というヒッポのCDと同じ音が聞こえ、思わず「あっ！」と声に出して反応したり。とにかく最初から自然とことばが体に入ってきた――耳がびっくりしなかったんです。あっこれ、なんとなく知っている音だ、とか、聞いたことのあるイントネーションの波だな、と感じたのが最初でした。家族のみんなも、ヒッポのCDからまるごと言えたようなときには、本当にびっくりしてくれて、いま思い返しても、本当にはじめから家族と近くになっていけたな、と思います。

日本でなじんでいた多言語で、イタリアでも自然に生活できた！

イタリア語で考え、話す楽しさを

イタリアで暮らし始めて2カ月が経った頃……、私は自分のイタリア語が著しく延びていることを感じていました。10月になり、所属する留学団体WEPのメンバーやホストファミリーに会うことになったときにも、それまでコミュニケーションのツールとして頼っていた英語が、出にくくなっていました。イタリア語で考え、イタリア語で話すのを楽と感じる自分がいることに驚きました。今思えば、「イタリアに渡って、その直後からすぐに自分はイタリア語の環境に入ることができたな――」と。10カ月間のイヤロンのなかで、皆、最後の頃にことばが伸びるのは同じだと思うのですが、その成長のスタートの地点を決めるのは、行く前にどれだけ、その国のことばや多言語に浸っていたかにあるのだと思います。

それでも、もちろん、はじめの頃には単語の意味も分からないものが多かったので、そういうときには、ホストの話すフレーズをまるごと真似る、ということもしていました。例えば、ホストのお姉ちゃんが棚からものを取るとき、口癖のように「ヨ・プレンド・クエスト」と言うのを聞いて、まったく同じタイミング、同じ波で私も言ってみました。お姉ちゃんはそれを笑ってくれて、私も口にすることでイタリア語が自分のものになっていきました。友だちと散歩に出かけたり、映画を見に行くにも、最初はやっぱり何を言っているのかわからなかったけれど、友人たちに囲まれるうち、次第にその場の雰囲気や空気に自分が馴染んでいくのを楽しんでいました。

幼稚園と小学校で3週間の職場体験

イタリアには、いろんな種類の繋ぎことばやリアクションのジェスチャーがありますが、過ごし始めた最初のころはどれをいつどう使えばいいのか、まったく見当がつきませんでした。それがあるとき、学校で急きょ先生が休みになった。すると生徒たちは口々に「やった、テストなしだ！」と歓声をあげ、「ケクーロ」と言いながらジェスチャーをした。それを見て、これは面白いな、と思った私は、うちに帰ると早速ママにしてみせた。するとママはお腹を抱えて笑ってくれて……。ほかにも、文法は授業や日常のふとしたシチュエーションから発見したり――。イヤロンの間には職場体

「留学に行けばことばができる」のではないことを見つけた！

験もあり、私は幼稚園と小学校で3週間を過ごしましたが、子どもたちと接しているうちに、自然と子どもたちを注意するようなことばが出てくる。「バスタ（おしまい）！」「コンカルマ（落ちついて）」など、「どうしてだろう、使ったことないのに……」不思議に思ったけれど、少し考えてみれば、お世話になっているホストファミリーではしょっちゅう家族内で喧嘩をしている。それをパパが止めに入って――。そういう場面を見て、聞いているうち、知らない間に音が入って……、だから言えたんだ、と気付きました。

そういうことを体験するたび、ひとつひとつ丁寧にホストのママにヒッポのことを交えて話すと、「音を聞く力があるね」と言ってくれました。向こうに行く前は、「イタリアではメタ活に力を入れよう」と意識はしなかったけれど、イヤロンの間何でも真似っこして、自然にヒッポをやってきたんだ…と帰国後に思ったのでした。

3 多言語活動と共に

一歩抜けだそう

青井　勇輝
（フランス／２０１２年／私立錦城高等学校３年時）

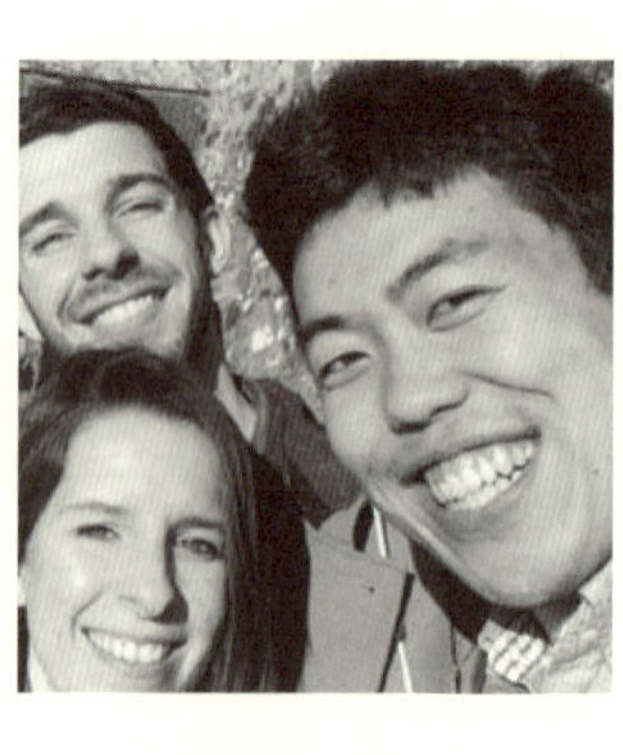

生まれて間もなくヒッポに入る

Bonjour!!　僕は高校3年生の時 Carcassonne（カルカソンヌ）というスペインにすぐ近い南フランスに行きました。そこでは家の中でフランス語、カタルーニャ語、スペイン語が聞こえる環境にいました。めっちゃ楽しかった。今、自分にとって多言語のどんなところがおもしろいかをそのままことばにのせたいと思います。

ぼくは生まれて間もなくヒッポに入りました。最初はお母さんに抱きかかえられているだけでした。２歳ごろにもなると走れるようになり、ファミリーではメタ活もSADAもあまりしないで、お話タイムでマイクがまわってくる時は、ものすごく早口で自己紹介を終わらせて、あとはただひたすら楽しく走っていました。これが小学校6年生まで続きました。中学生になると陸上部に入りファミリーの他に走る場所ができたり、反抗期もあってヒッポにあまり行かなくなりました。ただ、週に一回は親の機嫌をとるためにいやいや行っていました。というのも、行かないと弁当抜きにされるからです。そんな感じでごく平凡な反抗期の中学、高校生活を送っていました。

高校2年生の夏、井の頭公園で走っていると中国人にジブリ美術館までの道を尋ねられました。せっかくだから一緒に行き、中国語でちょっと自己紹介をしました。そしたらびっくり!!　すごく喜んでくれて、なんでどうして話せるの？　お互いテンションMAXでいっきに距離が近くなりました。けどやっぱりもっと話したい！って思いました。反抗期時代ぼくはちょっとまじめくんだったので、言語を勉強する目的は成績のためだと思っていたけれど、この時、ことばを習得するのは自分の気持ちを伝えるためなんだなって思いました。でもよく考えてみたら、自分の気持ちを伝えたい！ってその手段として必要になったから自然にことばがつくられたんだよね。そんなこと全然気づかずに、英語を勉強することを成績の為だと思っていた自分は何だったんだ？と思いました。

中国人との出会いがきっかけとなってヒッポのCDを久しぶりに聞いてみると、またびっくり！　小さい頃にファミリーではやってたところや母ちゃんが口ずさんでいた多言語マテリアルストーリー*の場面が何語でも言える!!　小さい頃の記憶は走ってることとしかないのに、自然に音は溜まっていたのか……まるで小学校入学時に歌った〝さーくらさいたらいちねんせー〟の曲を久しぶりに聞くのと同じくらい懐かしく、はっきりとそして心地いい音楽でした。メタ活って楽しいなー、この時にはことばに対する見方もヒッポに対する見方も少し変わっていました。

イヤロンに行こうかちょっとゆれ始め、まずは学校のクラスメイトに話しかけることを準備としてやりました。それまで僕は昼ごはんの時も一人でおにぎりを食べながら勉強していて、クラスの中では半分の人がそうしていたのであたりまえだと思って

＊多言語マテリアル：多言語環境をつくり出す、世界の歌やストーリーのオリジナルCDやSDカード

いました。この狭い世界を一歩踏み出し、いろんな人に話しかけてごはんを一緒に食べてみると、愕然とした！　おにぎりを食べながら勉強している人の視野が限りなく狭い！　彼らは勉強しか頭になかったのです。このままこのクラスの軌道に乗って、いいとこの大学、いいとこの会社に入っていい感じに人生を送るのは、全く狭い世界の中で凡人のまま終わってしまう。ここで僕は非凡なSpecial感に惹かれました。決められた道を歩むのではなく一歩抜け出そう。凡人はいやだ！　運良く行かせてもらえる環境にあったのでイヤロンを決めました。

いろんな国へ行く仲間と多言語で歌って準備を

せっかくだから英語じゃなくて新しいことばをやってみたいって思ったのと、フランス語は自分の中ではけっこうSpecialだったからフランスに決めました。ヒッポでは英語圏以外の国に行くのはあたりまえかもしれないけど、他の人には「えっ！おふらんす？　なんで？」って聞かれるくらいSpecialですよ。あと、せっかくヒッポで行くし、いろんな国に行く仲間と一緒に、多言語で歌って準備したかったから、フラ

フランス Lycée Jules Fil Carcassonneの友だちと

ンス語だけじゃなくて同じくらいスペイン語とかドイツ語を沢山歌っていきました。みんなで歌うのはなんか一体になる気がしてすごくテンション上がる！　メタ活はめっちゃ好きになりました。沢山歌っていると、どこで単語として区切れているのかとか、いろんな場面に共通して出てくることばなどが細かくはっきりと聞こえてくるようになりました。大波からどんどん細かい波になっていくのはこういうことか……幼い頃は意識して考えてなかったことも、今では目からうろこの発見の連続です。

いざフランスへ！　現地では思っていた以上にいろんなことばが聞こえました。研修先のCannes（カンヌ）ではイタリア語がめっちゃ聞こえてあいさつもCiao! から始まる。これが多言語の世界か、いろんなことばに体で反応していく。次はどんなことばが聞こえるかな、毎日新しいことばが聞こえたり、日本で聞いていた多言語の音が聞こえたり、度重なる発見がめっちゃ楽しかった。そして研修が終わって、ステイ先のカルカソンヌではなんと、家の中で日常的に三カ国語が聞こえるホストファミリーに恵まれた！フランス語、カタルーニャ語、スペイン語だ。

カタルーニャ語？　聞いたことない！　めっちゃSpecialや！　実際聞いてみるとすごくおもろいことばだった。まずどんどんわかる！全く知らないとこからスタートするとわかるっていう感覚しかない！　赤ちゃんも全く知らない世界に生まれてきて、最初はわかるの連続で、徐々に自分を表現でき、伝わるようになるのが楽しいのかもしれないなぁ。とにかく毎日毎日新しいことばがわかる。Hola はスペイン語と同じだなぁ、でも Muy bien をカタルーニャ語では Molt bé で、イタリア語の Molto bene に似てるなぁ。Por favor はカタルーニャ語では Si us plau でフランス語の s'il vous plaît に似てるなぁ。日本の学校で英語を習ったとき、そこでは日本語と英語だけの世界。日本語は分かるけど英語は分からないってどんどん分からない感が増えてきたけど、ここでは違った。分かる・分からないの対立じゃなかった。いろんな言語が似た者同士だからお互いに助け合っている感じがした。相違点より共通点のほうがたくさんあるからだと思う。

気になったことばの法則、文法

僕が一番気になっていたのはことばの法則、例えば文法です。日本の高校でも単語と文法が大事とか言われて、僕のイヤロン中にもホストマザーが実は言語の先生で、勉強しろ勉強しろと言われた。僕は単語帳が必要ないことはすでに分かっていた。イヤロンの準備として多言語で沢山歌っていると、最初は大波で、だんだんはっきりと聞こえてきて、ついには単語に区切れて聞こえてくるまで、細かく聞こえるようになっていった。いろんな場面で使われていることばの意味はだいたい想像すればわかるようになっていた。けど文法はどうかな？　ことばの法則はどうやって習得するのかな？　赤ちゃんは勉強しないでことばの法則を見つけて文法を間違えずに話しているけど……。

ちなみに僕は理科と数学が大好きで、なんでも法則とか理論を求めるのが大好きだ。自分で数学の公式を見つけて証明するとものすごくテンション上がる。ことばにも法則があり、それは人間が見つけ、創ったものだと思う。僕も自分で見つけたかった。

僕はカタルーニャのiaia（おばあちゃん）とたくさん話した。そうしているとことばの法則もだんだんわかってきた。相手が複数形のときいつも動詞の部分にあたる語尾が〝オ（eu）〟になっている。主語が私たちのときは〝エン（em）〟になっている。未来の話はrが入る。例えば、We go は〝マルチェン〟だけど、明日出かけるのは〝マルチャレン　ドゥマン〟（rが入っているでしょ）。発見は沢山あって書ききれないけど自分で法則を見つけられたのがめっちゃうれしかった。We are, He is, I am というようなbeの法則を自分で発見した人はものすごく少ないと思う、ぼくもこの文法を学校で叩き込まれた。ぼくのカタルーニャ語の発見はbeの法則と同じくらい初歩的なことかもしれない。でも自分で見つけた！初歩的でもことばの法則を自分で見つけたんだ！用意された公式や法則を覚えるのはつまらない。僕たちが学校で外国語を勉強するとき、自分で道を創らず用意された道を通っている気がする。自発性、自由のかけらもない。単語テストや文法テストをやって、ことばの普遍性、法則を身につけさせせようとしている気がする。

カタルーニャ語は自由に道を創って覚えたことば

僕には運がある。なぜならカタルーニャ語が聞こえる環境にあったからだ。カタルーニャ語はヤイヤと話すためだけ！　道は全く用意されていなかった。文法書や単語帳なんてあるわけない、CDもなかったからぼくのカタルーニャ語は自分で自由に道を創って見つけたことばだ。でも考えてみると赤ちゃんの自然習得もこれに似ている気がする。赤ちゃんには道なんて用意されてなく自分で自発的に創っていく、親や友達に耳を傾けて想像力と創造力を働かせながら無秩序の中に秩序を見つける。赤ちゃ

（上）ホストファミリーと食事のひととき　（下）友人宅でもホームステイ

んはあれこれやってみる、自由にいろんな方向へ進む、これが大人にはもっとも難しいものだと思う。大人は既成概念を壊せずにただ用意された道、世界でさまよう、つまりゆらぎの幅が小さいと思う。それに対してぼくのカタルーニャ語は道がなくて、だからこそあれこれできたと思う。間違いを気にせず、たくさんのことばをいろんな場面で口に出した。そして最終的にはことばの普遍性、法則にたどり着いた。赤ちゃんも自発的にあっちこっちに行くけど最終的には法則にたどり着き、文法を間違えずに誰でも話せるようになる。

赤ちゃんをやってみよう、これは既成概念を取り払い、多様性の中で自ら自発的にことばを見つけていくことだと思う。ヒッポの多言語プログラムの提案は、用意された道を壊し可能性を広げるためだと思う。日本語と英語だけの道ではなく、多言語の世界の中で、一言語にこだわらずいろんな方向へ行ったり来たり、この過程がおもしろい。環境さえあれば誰もが赤ちゃんのように柔軟になれるということを言いたい。

最後に、ヒッポの一番おもしろいところはシェアすることだと思う。それぞれの赤ちゃんが自分で創った道、見つけたことばを、ことばでたくさんの人とシェアできる。人間は人との間で生きていくから人間！ことばも体験も人との間で育っていくと思う。

どこどこのあの場面でこんな音が聞こえたよって。ついこの間も、母に「スペイン語でプエドとポデモスは仲間なの？」って聞かれて、確かに英語のCANでできるという意味だけど、主語が「私」か「私たち」かなーってね。こんな風にヒッポの人はよくシェアしている。今、この自分の思いをシェアできるのもすごく嬉しい。自分の体験もシェアするたびにどんどん広がっていく。多様性の中、みんなで自発的に見つけていく人は無限の可能性を持ち、無限に広がっていける。イヤロンから帰国して現在一番感じているのは自分の可能性のでかさだ。大学生活、いろんな方向へ可能性をどんどん広げていこう！どこまでもいける！おにぎりと共に一人でいる部屋を飛び出して、日本の凡人コースを抜け出して、フランスを見てきた。次なるチャレンジは地球を飛び出して宇宙に行ってきます。小さいころから、美しい月に美しい桜を植えたい！と思っていました。今その夢を現実にするために、植物の成長ホルモンであるオーキシンについて大学院で研究しています。そして、植物学者としての宇宙飛行士を目指しています。毎日がわくわくウキウキでいられるこの環境に感謝！

Merci beaucoup pour le lire à la fin！Thank you so much！

最後まで読んでくださってありがとうございます！

多言語活動、イヤロンプログラムと共に

言語交流研究所 研究員
ヒッポファミリークラブ・フェロウ
中村 純子

はじめて榊原陽さんとお会いしたのは、私が35歳のときでした。そのころの私は、学校教育を終えても一向に話せるようにはならなかった自分の英語力と、その環境に疑問を持ち、また、まだ幼い二人の娘にも同じ想いをさせるのかと不安を抱いていた、どこにでもいる平凡な母親でした。そんな私の心に、榊原さんのことばが響いたのは、「これからの子どもたちは、二つか三つのことばが出来るのが良い。そのことばを翼に、

世界を縦横無尽に羽ばたいてくれたら……」と願い、そして、なにより「私はことばを学ぶ上で、〝こういう教え方でやる〟というマニュアルの押しつけはしない。人間のことばというのは元来すべて同じはずなんだ、そこを一緒に探っていこう」という姿勢でした。言語学者でも教育者でもないけれど、この人は「ことば」というものを深く考えている――私は全身に強い引力を感じていました。

榊原さんがやろうと思っていらっしゃることを一緒にやりたい、と心に決めました。それは、子どもたちの英語教育のお手伝いをする、先生役になる――そんな名目でスタートをした活動でしたが、なにしろすべてが初めての経験です。英語を、ことばを教えることの難しさに、戸惑い、つまづきの連続でした。どうすればうまくことばを教えることができるのか。試行錯誤の中で、やがて榊原さんはこう結論を出しました。「ことばは教えるもの、教わるものじゃない。ことばというのは環境から自然と獲得するものだ」と。幼いころ、両親に英語の絵本を読み聞かせてもらっていた榊原さんは、日本語、英語の両方でストーリーを聞くうち、いつのまにか英語が耳に馴染んでいた、といいます。すぐに英語と日本語、2カ国語のテープが作られ、子どもたちの空間に流されました。子どもたちは英語と日本語で語られるテープを聞きながら体を動かし、ことばを口から出しながら大いに楽しみました。が、まだなにか足りないものがある——。ヨーロッパ、ルクセンブルグを廻って帰国された榊原さんは、生き生きした声で言いました。「外国語が聞こえる環境のなかで子どもたちを過ごさせよう。それもできるだけ多くのことばがある方がいい……」。多言語環境の効用を実感した榊原さんの一声で、すぐに英語・日本語のテープにスペイン語を加えました。すると、今まで一向に英語に反応しなかった子どもたちが、次々に英語を口ずさみはじめたのです。「スペイン語は分からないけれど、英語は分かるよ」と、子どもたちは口々に言いました。これでいける——。手応えを感じた榊原さんは続々とことばを増やしていきました。

ことばがつなぐ人と世界——ヒッポファミリークラブ誕生

次に増やす言語はフランス語だろうか、それともドイツ語か——現場の私たちも次第にそんなことを話題にするようになったころ、榊原さんがある重要な決断をしました。「次は韓国語を増やすぞ」というそのことばに、しばしスタッフは呆気にとられました。なにしろ、その場の全員が韓国になじみがなく、言語にいたっては見たことも聞いたこともなかったのです。それほど、当時の日韓関係は冷えきっていました。目の焦点の合わない私たちに「隣の国のことばでしょう」」、榊原さんは静かに熱く語りかけました。「隣の国を越えては世界はないんですよ。ことばを学ぶときには、机の上や本のなかではなくて、それを話している人と仲良くなりたい。なぜならその人と話をしたいのだから。だからこそ隣の国のことばは絶対にやるんだ」。榊原さんの決意は固く、これを機会に組織は再構成、それまでの英語中心の教育から、明確に多言語習得へと舵を切っていきます。言語交流研究所、そしてヒッポファミリークラブの誕生でした。

「ことばと人間」を見ながらやっていこう――こうしてヒッポは船出を迎えました。私と娘たちも、それまでの英語中心の環境から多言語に移行することになりましたが、ここで問題が生まれました。教室に通う子どもたちと、その両親たちは、当然、英語の習得を目標にしていました。それがある日突然、〝多言語の習得〟ましてや〝韓国語を取り入れる〟というのです。不満、反発――それぞれの活動の場には色々な声が乱れ飛びました。そんなとき、私はただひたすら筆をとりました。ふだん、その活動の場には子どもだけが通います。親のいないところで、子どもたちがどんな風に言語に親しんでいるか、楽しんでいるのか……、理解して頂けるよう、お便りを続けました。

韓国語の導入は、私たち大人たちにとっても、決して楽なものではありませんでした。英語なら、分かることも、韓国語ではなにひとつ分からない、聞き取れないのです。「お耳悪いの?」子どもから不思議そうに声をかけられることもありました。まだ柔軟な子どもたちには聞き取れても、凝固した大人の耳に、韓国語の音はあまりにも風変わりに響きます。そんなときには、そうした子どもの柔さ、素晴らしさをまた、手紙にしたため親たちに送りました。榊原さんや私たちの情熱が子どもたちにも伝わったのでしょう。子どもたち自身も、親たちの説得に乗り出し、「韓国語を学ぶのはこんな意味があるんだよ」と、それぞれ熱弁をふるいました。その結果、嬉しいことに、韓国語導入後にやめた人はひとりも出なかったのです。毎週の便りは、これまで、ゆうに千通を超えて続きました。

思春期に人生一度の経験を――イヤロンプログラムの意義

アメリカに行きたい――下の娘が言い出したのは高校1年も終わりを迎えるころで

した。周囲に敷かれたレールを文句ひとつなく歩む大人しい上の娘――その後ガラリと性格は変わりますが――と比べ、とにかく型にはめられることを嫌う次女には、偏差値至上主義に傾いた日本の教育は、少々窮屈なようでした。その当時、ヒッポには、高校生が夏にひと月を海外で交流しながら過ごすプログラムはありましたが、その先はまだありませんでした。高校生が長期の留学をすれば、どうしても1学年遅れる事を覚悟しなければならない――そんな事情が背景にはありました。人材の世界化が進み、世界の情勢を踏まえるなら、大学……いやもっと、出来るだけ早いうちの留学体験が子どもたちに必要、そんなふうに考えられはじめていた当時の日本のなかでも、おそらく私たちほど、1日も早い高校留学制度の整備を熱望していた人間はいなかったでしょう。ですから当時、〈海外公立高等学校交換留学制度〉――海外で学ぶ授業の単位が日本でも共有できる、その話を聞いたときの私たちの喜びはどれほどだったでしょうか。ヒッポの海外のホストファミリーへのホームステイと併用すれば、これほど安心なものはない―。早速、ヒッポに参加していた高校生たちを中心に話をすると、はたして内外から多くの参加者が出ました。なかには留学を目当てにヒッポに入る子もいました。それほど、単位取得の海外留学制度は、多くの子どもたちにとっても待ちに待ったものだったのです。参加者には、今回イヤロン20周年イベントの発起人となる、日浦康介くんの姿もありました。なかには、留学制度が公立高校に限定されていると思い、「私は私立校だから行けない」と、ベソをかく女の子もいました。そんなときには「私に任せておいて」と、うなだれる肩を叩き、彼女と学校に向かいました。「確かにこの留学の単位は御校では使えないかもしれない。でも、単位以上に大事なことを学んでくる可能性だってあるでしょう」熱を帯びる私の視線を半身でかわす校長は「この子がアメリカでやれるとは思わない」と一歩もひきません。しかし、「私はこの子を信じています」そう一歩も譲らない私の様子に、やがて観念したように溜息をつくと「分かりました」と理解を示して下さいました。こうしていくつもの難関を乗り越え、今に続くヒッポの『海外高等学校交換留学・イヤロンプログラム』がスタートしました。

ところで、第一期生が出発していくなか、日浦くんだけが、日本を飛び立てずにいました。なぜか彼だけがなかなかホストが決まらなかったためで、夏に予定されていた出発は、結局秋までずれこむことになりました。しかし、これは決して珍しいことではなく、ホスト探しが難航するのは、ホームステイの常と言えるでしょう。それほど、重要で、慎重に運ぶべきことだからです。ヒッポに限らず多くの団体で同じことが言えると思います。とはいえ、当時はそんな事情は露ほども知りませんから、日浦くん共々、相当に気をもんだのを覚えています。また今でこそ、多くの経験から蓄積された知識がありますから、留学の前には、これを強化してなどと、アドバイスもできますが、なにしろすべてが初めてづくし。「なにを準備するの？」と聞かれても、「行く前にはヒッポのテープをちゃんと聞いて、たくさん声に出して……、もうそれしかないの――」それから――何を言ったかしら？　あまり覚えていませんが、特別な準備より日常のすべてが準備だということは確かです。そうそう、「とにかくキチンとしなさい」とよく怒っていました。日浦くんは３人兄弟の真ん中で、高校生だったこともあって、ヒッポに参加するのは大抵は学校を終えてから。夜になると会社帰りのお父さんと連れ立って顔を出します。疲れているんでしょう。部屋に入るなり、おもむろに大きな身体を床に投げ出して。「起きなさい！　あとちょっとだから――」なんて私は叱っていました。高校生はみんなそんなもので、年中その辺に溜まってはゴロゴロして。今、立派になった姿を見るたびに、あのころをとても懐かしく思い出し、そして少し不思議な気分になります。

榊原陽さんと共に活動した半世紀

イヤロンは長い人生のなかでも希有の体験です。思春期まっただ中に親元を離れ、見知らぬ土地、文化、社会、言語に浸って、ひとり、とことん考える。いくらホストファミリーがいるとはいっても、やはり、生きるうえで大切な何かを見つけるときは、いつもひとりです。そうして、ときには相談したいこともあるでしょう。そうなると今度は、ことばが通じなければどうしようもありませんから、必然的にことばの活動も頑張るようになります。ヒッポには、ほかにも青少年交流などの短期の海外ホームステイ交流もありますが、そちらは向こうの学校には通うことはありません。ホストファミリーと仲良く交流し、観光などに連れて行ってもらうだけ。もちろん楽しむのも大事なことですが、やはり、異文化のなかで新たな家族と関係を作りながら学校で授業を受け、友人関係も築く――これは大変なことだと思います。私自身には、経験はありませんが、子どもたちに関係し、接するだけでも、こんなにも人生が違うものかと実感します。ヒッポの子どもたちに出会わなければ、もしも榊原さんに出会わなかったのなら……、私の人生はどんなものになっていたのか――。強面の英語の先生になっていたでしょうか（笑）。分かりませんが、少なくとも、子どもたちと過ごしたことによって得られたように感じる自分自身の成長、心の栄養は手にしていないと思います。榊原さんに、ヒッポに出会えてよかった。そして、出会ってそれを選べたこと、人生をかけて続けてきたことに感謝しています。私の二人の娘たちも、「私たち夫婦だけで育てた」なんてとても言えません。本当に多くのみなさんに育てていただきました。長女は高校生のとき、ヒッポの夏の交流に行きました。緑薫るオレゴンの静かな片田舎――物静かで、ふだんは黙ってピアノを弾いているような子でしたから、行き先にはピッタリと思えました。ところがなんと、帰ってきた娘は、性格が180度変わっていました。「どうしちゃったの……」ことばを失う私に「べつに変わったわけじゃない。今までは抑えられていただけ」と朗らかな笑顔を向けました。音楽大学を出た娘は、その後も各地で精力的に音楽活動を続けました。末は、大人しい音楽教師か、と見ていた長女のめざめは、目を見張るものがありました。結婚後、夫と暮したアメリカ、ペンシルベニアから帰国した娘に私は「どうだった？　アメリカは」と声をかけました。するど娘は視線をゆっくり窓の外に移しながら、「あれは本当のアメリカじゃない――」

と。娘の人生を変えたオレゴン……、あの静かな、やさしいホスト家族のいる田舎町が、彼女にとって唯一本当のアメリカなのだ――。遠くを見つめるその瞳は、いつまでもあの日見たアメリカを捉えていました。

高校交換留学・イヤロンのシステムの完成を待たずに、日本の高校を中退してひとりアメリカに渡った下の娘は、結婚してアメリカに住み、今はアメリカでこのイヤロンプログラムの現地コーディネーターとして、活動させていただいております。数えきれない程多くの方にお世話になり助けて頂きながら、後に続く後輩たちへのサポートで活躍し、ご恩返ししているように感じます。

多言語の多様な音の波に浸る

一般財団法人 言語交流研究所 代表理事
鈴木 堅史

ヒッポは今年、35周年、イヤロンは20周年――。創始者・榊原陽さんが、志を持って創ってこられました。

これからの地球は狭くなる。
そんな中で、子どもたちが伸びやかに、ふっくらとした柔らかさを持った子どもたちに育ってくれるといいな。

そのためにはことばが大事だぞ。

それも、ひとつだけのことばじゃなくて、いくつかのことばが話せるように。

そしてことばだけじゃなくていろんな国の人たちに思いを寄せる。

そんな大人に育ってくれるといいな。

そんな子どもたちと一緒に過ごし成長してゆく中で、自分も一回しかない人生を充実させて生きてゆきたい。

いよいよの時がくれば、「やったぜ！」と言って逝きたい。


生前、繰り返し仰っていたことばです。その榊原さんの大きな夢と想いが今、まさに実現していっている――そんな風に感じています。みなさんのイヤロン体験談を聞いて、改めて感じたのは、楽しいことも一杯あるけれど、やっぱりそれだけじゃない、ということ。辛いこともたくさんある。ホストとの関係や、ことばの壁……、これに関しては、私たちも海外の留学団体や教育機関の方たちからよく言われてきました。「ことばもできない子どもをどうして送るのか。ことばを学びに来ているんじゃない。

そのことばで勉強をしに来ているはずだろう――」

実際、ヒッポ以外の日本の留学生たち、他国の留学生たちは、相当にその国のことばができるようになってから行っています。しかし、辛抱強く続けているうち、次第にヒッポの普段の活動でつちかったメタ活や、積極的に人の中に入って学ぶ姿勢が功を奏しはじめました。ヒッポの子どもたちは後半に凄く伸びる――現地からのそんな声もよく聞かれるようになりました。大人しい子、繊細な子もいるにはいるが、大抵の子は、すごくスムーズに人の輪の中に入っていくことができる。受け入れる側にも、これは大きなメリットです。こうして少しずつ軌道に乗ってゆく中で、「親ロン」も生まれ、私たちも多くのことを学んでゆきました。

数ある留学システムの中で、ヒッポ留学の一番の特色をあげるなら、それはやはり「多言語国（複数の国）との交流である」いうことでしょう。たくさんの複数の国と交流し、そのなかでイヤロン生それぞれが様々な経験をする。帰国後には、それを持ち寄り、学び合う……、お互いの経験をシェアリングするわけです。これはとても大事な事です。こうした蓄積がヒッポには、例えばイヤロンだけでも1600人分あるわけです。あるメンバーの人は、海外留学中、聞くともなしに聞こえてきたロシア語を自然に理解していた、と話しました。自分はロシアに行った事はなかったけれど、普段のファミリーにロシア語で話す人がいた。それが影響していたのかもと分析していました。普段からヒッポのなかで、ロシア語を含めた多言語に浸り、メタ活をしていたことが、こうした現象に繋がったのです。こうしたヒッポの環境を私は、「Multilingual Natural Immersion」と呼んでいます。「多言語の多様な音の波に自然に浸る」という意味です。ドイツへ渡るメンバーが、メキシコに行くメンバーたちと、一緒に準備するうちに、いつのまにかスペイン語もすごく上達していた……、イヤロンの日常の一コマですが、これもヒッポの独自性で豊かな点をよく表しています。とはいえもちろん、こうしたことは、最初から目に見えていたことではなく、10年、20年以上をかけて、皆さんとともに少しずつ成し遂げられました。

いま私たちは、さらなるヒッポの飛躍を目指し、プログラムの一般化を進めています。すなわち、「多言語」、「多文化」、「多世代」、「多様性」――。多言語――これは言うまでもありません。多文化――多言語の向こう側にある、それぞれの違う、文化、生活から学ぶ……。そうしたなかで親ロンが活発化し、ヒッポに参加する小さい子どもたちは、お兄さん、お姉さんたち、イヤロン生の経験に目を輝かせて聞き入る――これが多世代です。そしてその結果、ことば（多言語）だけでなく、多様性にたいするcompassionate（思いやりのある）——他国、他者への優しい気持ちが生まれてゆく……。先日、この話をＭＩＴの言語学者、ノーム・チョムスキー教授にお話ししたところ、

「彼らは、tolerance（寛容の心）を学んでいるんだね——」

と首肯かれました。toleranceというのは、ただ「我慢する」というのではなくて、「相手のことを積極的に理解し学ぼうとする」ことにつながります。先頃、上海でのアジア若者多言語合宿でも話したのですが、生まれた時から悪い人間はいない。でも、だんだん悪くなっていく人がいる。本人には自覚はないようですが、だんだん悪くなる人は、次第に自分の偏狭な視野、個人的な価値観によりかかってゆく—。最近、世の中全体が狭い視野の少しきな臭い方向に傾いているようです。が、ヒッポの子どもたちは、ロシアにも中国にも、そして韓国にも行く。アフリカに行ったメンバーは、あまりの文化の違いに戸惑いながらも、でも普段忘れてしまっている、人間のように生きる！　その為の大切なことをいっぱい学んだ—と言って帰ってきました。本当にヒッポは、多言語、多文化、多世代、多様性を内包する、compassionateなグループに

なってきていると思います。今後のよりいっそうの豊かなヒッポの活動を願いながら、皆さんと一緒にイヤロン20周年をお祝いしたいと思います。

イヤロン20周年記念フォーラムに参加してくださった本間千枝子さん（遊行社）より、「ヒッポの多言語活動のベースから生まれた高校留学は、どこの団体の留学とも全く違う。20年の経験、データがあることも素晴らしい。ぜひ高校留学の本をつくりましょう。誰にでもチャレンジできるこのイヤロンプログラムを全国の中学生、高校生、親御さんたち、また教育に携わる皆さんに伝えたい」とお話をいただきました。実はイヤロンプログラム開始の頃から、高校留学プログラムを伝える本を出版したいというのは、私たちの長年の夢でした。

これまで、イヤロン参加の約２０００人の高校生、送り出したご家族、応援してくださった学校の先生方、ヒッポファミリークラブのフェロウ、メンバーの皆さんのご活躍、そして、「高校生、とび出せ　世界に！」の出版にご尽力くださった遊行社の皆さまに、心から感謝申し上げます。

この「高校生、とび出せ　世界に！」を手にしてくださった多くの方々が、お一人でも新しい世界に踏み出すきっかけにしていただきたいと、心から念願いたします。

多言語活動は
より豊かな自分を見つけるための
旅立ちなのだから

榊原　陽

4 マンスリーレポート

留学生は月に１回、マンスリーレポートを書きます。学校や友だちのこと、ホストファミリーとの生活、自分が感じたこと、頑張っていること、ことばがどのように分かったり話せるようになったか…など、留学中の体験を毎月ありのままに書き、日本のヒッポ本部に送ります。

このマンスリーレポートは、日本で、留学生の家族、在籍学校、所属のヒッポファミリークラブに届けられ、離れていても留学生の変化や成長を知ることができます。

また年数回、マンスリーレポート集として、各国の留学生にも送られ、世界で頑張っている留学生同士の励みにもなっています。

帰国後、留学生と保護者、ヒッポファミリークラブフェロウの三者で、約１年間のイヤロンの体験を通して見つけたことを、「宝物レポート」として書きます。

スワヒリ語は話せなくても絶対耳は慣れているから、すごくうらやましい!!

両親はEnglishも話せるけどスワヒリ語も混ってくるからたまにわからない事がある。でも、何回も繰り返しているとわかってくる。Hippoでいうその時の場面(動作)が入ることでなんとなくわかってくるっていうのと一致した!!

TORONTOでのハプニング!!

One day… 両親と子どもたちは私よりも出る時間が早いため、学校に行くときは鍵を閉めてから行かなければならなかった。
鍵を閉めようと思ったら、動かないっ!! 動いたとしても抜けないっ!!
玄関の前でずっと鍵と格闘して、 ようやく抜けた。 why?
よく見てみるとサビついてるじゃんっ! Busの時間に間に合わなくなりそうだったから鍵を閉めずに出かけてしまった。チャレンジャーだよね笑笑
その時の私には連絡手段がなかったため、両親に連絡を取ることができなかった。CENTRAl LIBRARYで研修していたんだけど、着いたらすぐにTeacherに言って両親に連絡してもらった。家に帰ったらやっぱり怒られたけど、ドロボウさんに入られてなくてよかった =3
お父さんが私の持っている鍵で試してみたら、ふつーに閉められた☆
ちょっとコツが必要だったみたい! まだハプニングあったけど…。

HAPPY STORY

まあ…毎日HAPPYだったんだけど…。Schoolでは、フランス、タイ、中国の友達と話すことができた! 特にフランスの人はフランス同士で固まるから話しかけづらかった! HippoのCDにあった音とか発見できたし、イヤロン先生が言ってたこともやっぱり本当だったんだって気がつくことができた
Houseでは、弟と妹と仲良く会話できたし、Schoolから帰ってきたら一緒にチャリでParkへ行くことが多くなった。家族の一員として、仕事も見つけて進んでやることができた! 研修が終わる頃には妹のSageが家族の似顔絵を書いてくれた。すごく愛が伝わる絵だった♡ お母さんが私に3週間Englishわかるようになった?とか伸びたてとか聞いてくれて、答えようとしたら弟のSydneyが素早く"めっちゃ伸びたよ! Ayaka Englishできるよっ!"って言ってくれたのが嬉しかった いつも子供達に助けられている

※本部使用欄

(送付先:東京都渋谷区渋谷2-2-10 青山H&Aビル3F 言語交流研究所 国際部 〒150-0002(JAPAN)

マンスリーレポート　高荷彩佳

August
8月

2016-2017

HIPPO YEAR-LONG PROGRAM MONTHLY REPORT

Name Takani Ayaka (Alice) Country Canada City/State Winnipeg / MB

日本の学校名 筑波大学附属坂戸高等学校　（埼玉 都道府県）　学年 高２ 年

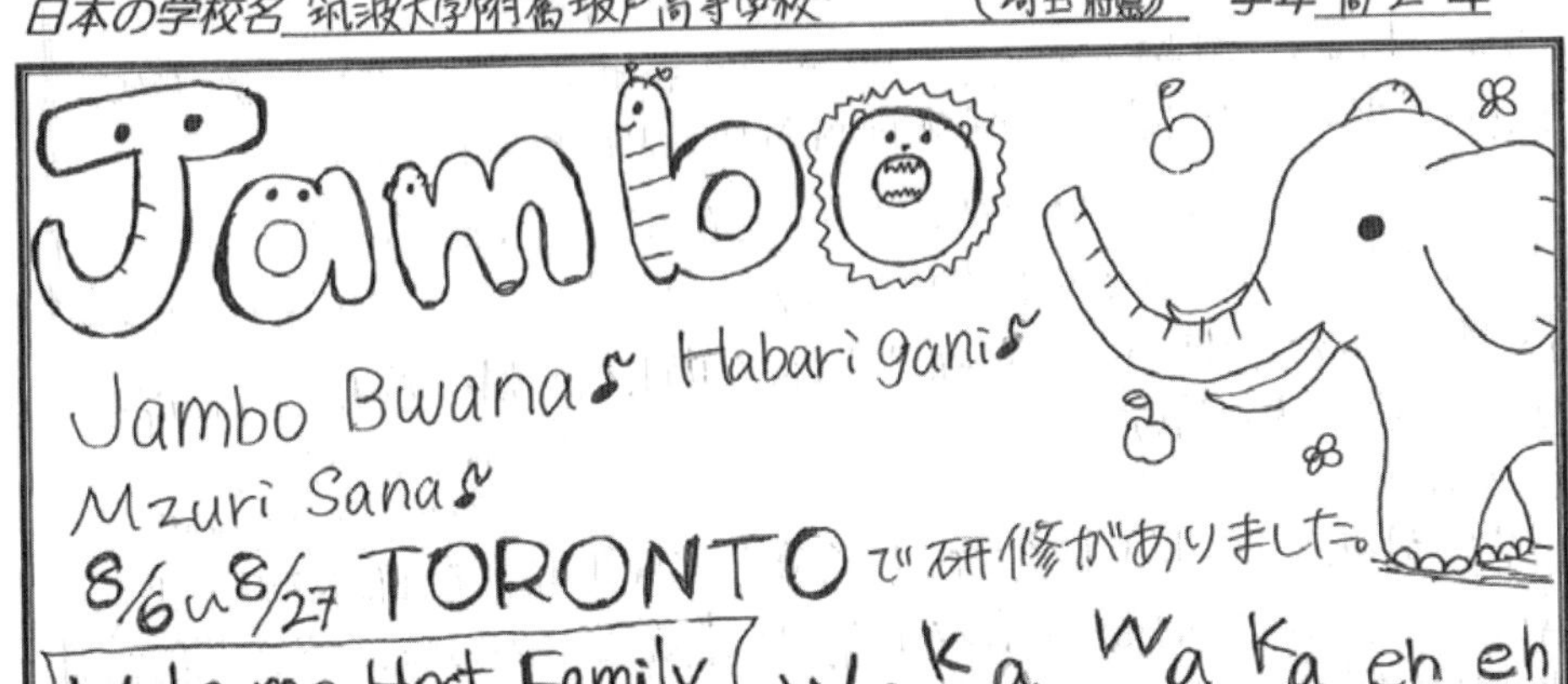

Jambo Bwana♪ Habari gani♪
Mzuri Sana♪

8/6〜8/27 TORONTO で研修がありました。

Welcome Host Family

Dad

Mom

Brother
Sydney(11)

Sister
Sage(8)

♫Waka*waka eh eh♪
↑*cameroon

This time for Africa!!

両親はAfricaのKenyaから20年ぐらい前に移住してきたみたいだ。そう！だから、Jambo!! Kiswahili（スワヒリ語）が聞こえてくる環境にいました✧ 毎日、夕食はアフリカの料理を食べていました。☺yummy♡

お母さんはフランス語も分かるみたいで食事の時間の時、"Bonappetit"って言ってくるの。研修中は フランス、中国、タイ 日本の仲間と一緒に過しました。フランスの友達にフランス語でこれ何て言うのっ？ってフランス語で聞いてみることを繰り返し、GetしたWordsをお母さんに言ってみると、毎回直してくれる!! フランス語発音難しいね。ある日、朝あいさつでフランスの友達に"Salut"って笑顔で言ってみたんだけど、彼女固まって えっ？何言ってるの？みたいな顔したから 焦って色んな発音の"Salut"を言ってみて、何回目かでやっと通じた!! 通じた喜びと同時に、言葉を口に出すことって大切なんだと改めて感じることができた。おっと、家族の話に戻るけど。子ども達はCanada生まれCanada育ちなんだ。2人ともEnglishだけ話すそうだ。☺

※黒色のペン・ボールペンを使って、枠内に書きましょう！（鉛筆・シャープペンシル不可！）

難しいと分かっていたはずのドイツ語の難易度にへこんだ時もあったけれど、先生が皆にとっては今ドイツ語難しく感じるだろうけれど、ここでは小さい子供でもドイツ語を話しているんだよ、だから大丈夫きっと皆も話せるようになるよって言ってくれた時は本当に励まされたし嬉しくて、がんばろうと思えました。1ケ月もの語学学校での学習時間があるのはドイツ組だけで、もっとはやくにホームステイや現地の学校へ行けたらいいのにとも思ったことがあるけれど、こうして終わってみると自分にとってどれだけこの時間が大切なものかよく思い知らされます。YLに来て何も分からない不安でいっぱいの最初の1ケ月を同じ16生の仲間と共有できたし、お互いの言葉が成長しているのも感じられたし、ドイツ語を教え合えてとても心強かったと思ってます。改めてこの1ケ月という時間をつくってくれているHIPPOとODEそして親へ感謝するとともに私を支えてくれた同じ16ドイツのみんなにお礼を言いたいです。どうもありがとう

学校へ行っている間は観光も沢山しました。ケルン大聖堂やライン川沿いのお店やチョコレートミュージアム，スポーツミュージアム、博物館いっぱい行きました。ドイツの景色や歴史にふれることが出来た貴重な時間でした。いつも私たちをつれていってくれたのは、FSFの学長さんの娘さんのレオニ♡(Anne Leonie)優しくておもしろくて一緒だと安心できるそんなお姉ちゃんみたいな存在でした。

ドイツのイケメンの話とか日本の俳優のことも話しました(笑)

Alles gut :)

おまけ!
私の大好きな場所
大聖堂と南京錠いっぱいのホーエンツォレルン橋♡♡♡
Köln

(日本人でよかったと感じたことについて)

ドイツに来てから沢山の国の人に出会って沢山の考え方や物の見方を知って改めて日本人いいなって思ったところが見えてきた気がします。まずは時間をよく守ること、そして人の話をよく聞いてルールをよく守ること、まだまだあるけれど何げないあたりまえのような習慣がきちんとしているところがいいと思う。外国へ行って他の国の人の前で私たちが良くない行いをしたり周りに迷惑をかけたりしたら、「何だろう日本人って嫌だな」ってその1人のせいでその国自体が悪くみられてしまうかもしれないから、よく気をつけないといけないなと思います。(実際に私自身も嫌だと思った事があったから)ドイツで言葉も学ぶけれどそれ以上に大きなことを自分で学べた気がします。

さいごまでDankeschön♡ また来日:) Ciao

※本部使用欄

(送付先：東京都渋谷区渋谷 2-2-10 青山 H&A ビル 3F 言語交流研究所 国際部 〒150-0002(JAPAN)

マンスリーレポート 山崎彩音

2016-2017 Nummer 2 (zwei) September **9 月**

HIPPO YEAR-LONG PROGRAM MONTHLY REPORT

Name 山崎 彩音 Country Deutschland City/State Königswinter

日本の学校名 福島県立須賀川桐陽高校（福島県） 学年 1 年

Hallo zusammen :) Wie geht's dir? Mir geht's gut!! Danke für zu lesen.
こんにちは ドイツに来てから1ヶ月が経ちました。最初は慣れないことばかりのドイツの生活にもだんだんと慣れてドイツの雰囲気に溶けこめてきた気がします。9月号のマンスリーは8/29からKölnではじまった語学学校のことを中心に、日本人で良かったと私が感じたことなどを書いていきます。ぜひ最後まで読んで下さい☺（ちなみにはじめのあいさつは Hello everyone みたいな意味です）♥

fsf fremdsprachenforum INTERNATIONALE Sprachenschule

(Stundenplan)

6:00 起床
7:00 朝食 Frühstück
7:30 電車で学校へ Zur schuler gehen
8:40 学校の近くのパン屋さんでお昼かう ♡
9:00 学校開始 Beginn des Unterrichts
10:30 休み時間 Pause
11:00 Beginn des Unterrichts
12:00 昼休み Mittags Pause・Essen
学校のまわりのお店で買い物したり アイスクリームたべたり、さんぽしたり
13:00 Beginn des Unterrichts
14:30 Pause
15:00 宿題タイム
16:15 学校おわり
16:30 帰宅 oder 観光 (in Köln)
Kölner dome とか行ったよ。

Ich ging zur Sprachschule in Köln um zu lernen. Zuerst haben wir die Selbstvorstellung gemacht und ich lernte Grammatik, die Adjektive und die Verwendung der Verben gelernt, mit deuts--chem Text. Ich war im A1-Kurs in der Sprachschule. Ich habe jeden Tag 5 Studen gelernt. Auf lange Sicht habe ich einen Test (Goethe-Institut) geschriben. Der Test bestand aus drei Teilen. Schreiben, hören und sprachen. Die Deutsche Sprache zu lernen ist richtig schwer für mich aber es war richtig lustig.
最初は Hallo! Wie heißt du? Woher kommst du? みたいな自己紹介からはじまった学校もだんだん名詞や動詞の活用を習ったり、会話文を習ったり、長文を読んだりしていきました。午前は Sebastian という先生に午後は Christoph という先生にドイツ語を教えてもらいました。本当に難しくてついていくのにやっとだったけど、とても充実していました。
毎日宿題もきっちりあったよっ〜く がんばりました。

※黒色のペン・ボールペンを使って、枠内に書きましょう！（鉛筆・シャープペンシル不可！）

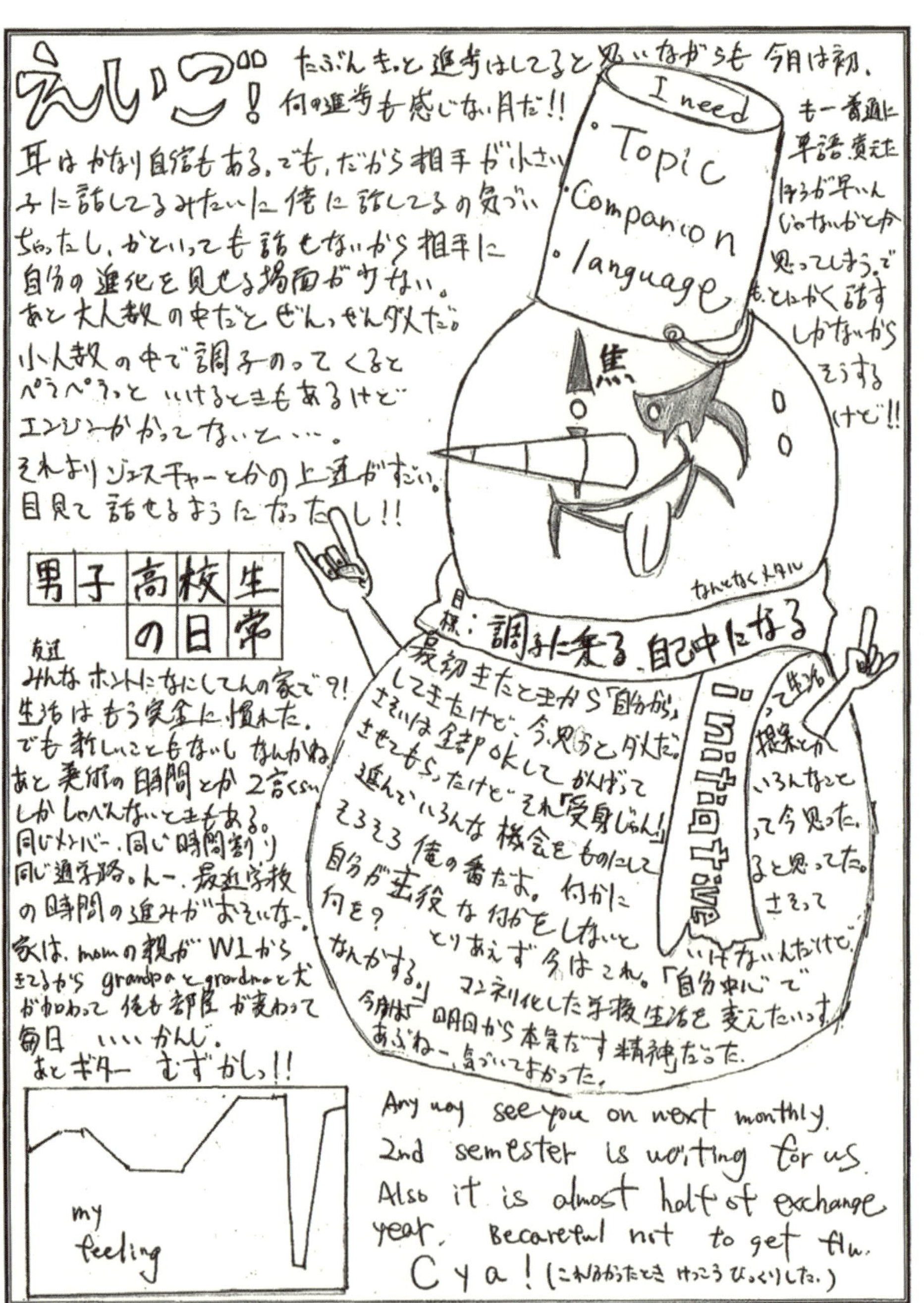

えいご!! たぶんもっと進歩はしてると思いながらも今月は初、何の進歩も感じない月だ!!

耳はかなり自信もある。でも、だから相手が小さい子に話してるみたいに俺に話してるの気づいちゃったし、かといって話もないから相手に自分の進化を見せる場面が少ない。

あと大人数の中だとぜんっぜんダメだ。

小人数の中で調子のってくると ぺらぺらっと いけるときもあるけど エンジンかかってないと…。

それよりジェスチャーとかの上達がすごい。目見て話せるようになったし!!


もー普通に単語覚えたほうが早いんじゃないかとか思ってしまう。でもとにかく話すしかないからそうするけど!!

I need
・Topic
・Companion
・language

焦

なんとなくスタイル

目標:調子に乗る、自己中になる

ポジティブ

男子高校生の日常

最近 みんなホントになにしてんの家で?!

生活はもう完全に慣れた。

でも新しいこともないし なんかね。

あと美術の時間とか2言くらいしかしゃべんないときもある。

同じメンバー、同じ時間割り 同じ通学路。んー、最近学校の時間の進みがおそいなー。

家は、momの親がW1からきてるから grandpa と grandma と犬が加わって 俺も部屋が変わって 毎日 いいかんじ。

あと ギター むずかしっ!!


最初きたときから「自分から」って生活してきたけど、今思うとダメだ。さそいは全部OKしてがんばって提案とかいろんなことさせてもらったけど それ「受身じゃん!」って今思った。進んでいろんな機会をものにしてると思ってた。そろそろ俺の番だよ。何かにさそって自分が主役な何かをしないといけないんだけど、何を? とりあえず今はこれ。「自分中心」でなんかする。マンネリ化した学校生活を変えたいっす。今月は「明日から本気だす精神」だった。あぶねー、気づいてよかった。

my feeling

Any way see you on next monthly.
2nd semester is waiting for us.
Also it is almost half of exchange year. Becareful not to get flu.
Cya! (これわかったときけっこうびっくりした。)

※本部使用欄

(送付先:東京都渋谷区渋谷2-2-10青山H&Aビル3F 言語交流研究所 国際部 〒150-0002(JAPAN))

マンスリーレポート 石田隆悟

12月

2016-2017

HIPPO YEAR-LONG PROGRAM MONTHLY REPORT

Name Ryugo Ishida Country U.S. City/State WA

日本の学校名 静岡市立高等学校 （静岡 都道府県） 学年 2 年

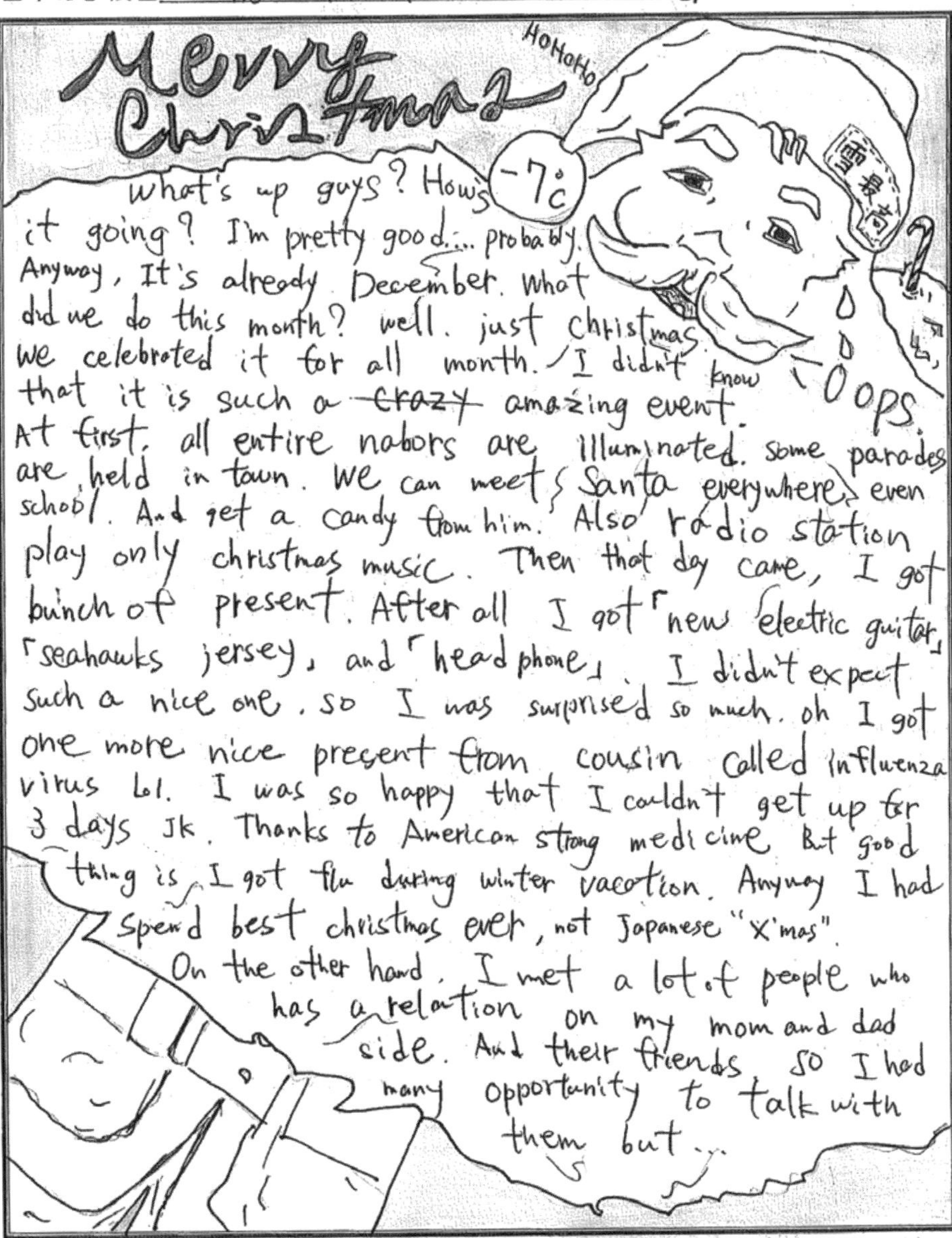

What's up guys? How's it going? I'm pretty good... probably. Anyway, It's already December. What did we do this month? well. just christmas. We celebrated it for all month. I didn't know that it is such a ~~crazy~~ amazing event. At first, all entire nabors are illuminated. Some parades are held in town. We can meet Santa everywhere, even school. And get a candy from him. Also radio station play only christmas music. Then that day came, I got bunch of present. After all I got「new electric guitar」「seahawks jersey」and「head phone」. I didn't expect such a nice one. so I was surprised so much. oh I got one more nice present from cousin called influenza virus lol. I was so happy that I couldn't get up for 3 days JK. Thanks to American strong medicine. But good thing is I got flu during winter vacation. Anyway I had spend best christmas ever, not Japanese "X'mas".

On the other hand, I met a lot of people who has a relation on my mom and dad side. And their friends. So I had many opportunity to talk with them but...

※黒色のペン・ボールペンを使って、枠内に書きましょう！（鉛筆・シャープペンシル不可！）

3 ~Lycée~

先月の終わりからクラスの男の子たちと関わることが多くなった。1月30~2月3日までの1週間、LauraとAliciaが授業でスキーに行っちゃって女子Kimと私の2人になったのね。(男子はみんな居る)そんで、Kimは家と学校近くていつも授業ない時間家行くレベルの近さだからお昼も家で食べるの。ってことは…私1人じゃん?他クラスの友達も居るけど時間合わなかったりetc…それで、ぼっちだから男の子たちの1つのグループに入れてもらって食べた!! ＊Mardiは他クラスの子とMercrediは午後先生いなくて授業なくなった。びっくりしたことは、スマホで遊戯王のゲームしてたこと。Jeudiに一緒にケバブ食べに行ったんだけど、そこで出てくるまでの待ち時間やってて…フランスでもあるの?! なんか日本⇄フランスって思ってたより近いんだなあって思った。カードの名前は日本語と同じでおもしろかった(笑)あとはphysique-chimieとSVTではカタカタシカタカで女子1人なので、いつも男の子たちに助けてもらってます。Strasbourgでは女子多いクラスで女子ばっかと関わってきたから、新しいことしてる!!ってかんじで楽しかったりする。

Je suis allée en ville avec mon amie, elle s'appelle Mouna. On n'est pas dans la même classe, mais je me suis liée d'amitie avec Mouna. Elle aime le Japon et la Corée du Sud. Le jour, nous sommes allés nous au musee et dans un grand magasin, mais ce magasin ferme... parce que c'est dimanche. Après, on est allées chez Mouna. Nous avons regarde des videos de K-pop avec son ordinateur. C'était une très bonne journée.

少しだけどフランス語書いたよ。(先月号に引き続き) 読んでみてね!!

—キセキ— (solution: français / thaï / finlandais / anglais)
最初に書いた言語は留学生の友達に教えてもらったものです。
États-Unis, Thaïlande, Finlande*(本当にうれしい!!),
Suède, Colombie… みんなすっごく優しい!! ここでの
共通言語はAnglaisじゃなくてFrançaisなんだよ~!
多言語を教えてもらって本当に多言語って最高だ☆☆
毎月出すの遅くてごめんなさい et 読んでくれてMerci!! 残りはあと 3・4・5・6・(7)月…早すぎ~

Fin

※本部使用欄

(送付先：東京都渋谷区渋谷 2-2-10 青山 H&A ビル 3F 言語交流研究所　国際部　〒150-0002(JAPAN)

マンスリーレポート 山田遥加

Fév 2月

2016-2017

HIPPO YEAR-LONG PROGRAM MONTHLY REPORT

Name Haruka Yamada Country France City/State Lettenbach

日本の学校名 北海道科学大学高等学校 （北海道） 学年 3 年

Bonjour! Ça va? Je m'appelle Haruka.

［言語は違うけど全部同じことを書いてます］

Huvää päivää! Mitä kuuluu? Minun nimeni on Haruka.

สวัสดี! สบายดีไหม? ฉันชื่อ ฮารุกะ.

QUESTION: What language? 答えは今月号のマンスリーのどこかに…。

（今3月なので3月のことも少し含まれてます）

Sujet de ce mois

1. La maison 2. Langue 3. Lycée

※Lycéeのことを中心的に書くね!!

1 La maison ～引越しをしました～

Heming（エマ）→ Lettenbach（レッテンバR）Rないのに Rの発音…。名前が個人的にカッコイイ！と思った。そしてなんと 3ème etage. 日本でいう4階建ての家で広いね。もともとある家を買ったかんじ。私の部屋は3階の屋根の所でいいかんじ。バス停まで1分なようぶっこいてたら1回乗りすごして軽く怒られた。自業自得ですね。vacances中に引越して、最初物なくて＝することなくて子供用の本で calysta に発音教えてもらって読んだりしてた。8歳だから少しあいまい（笑）あと、映画見まくった。1日2本ですごいときは4本見た。目が～今回の vacances はひたすらダラダラしてたけどそれも楽しかった！

2 Langue ～正直フランス語はまだまだ話せてない～

言いたいことをしっかり伝えることできてないし、カタコトだしってかんじだけど…絵に書いたようにコップ（頭）の中にはたくさんの☆（OK フランス語）が奥にいっぱいあって、今は💧（テキトー フランス語）が降ってきてるの。あと少しで☆が降ってくるはずだから傘をささないで頑張る！なんて…COURAGE［説明伝わってる?!］そう思って過ごしてます。

1つ気づいたのは、message を友達に送るときは自分の変な文の方が伝わる。1回、何て書けばいいか悩んで翻訳使ったら「どうゆうこと？」って返ってきて、自分で打ったら「そうゆうことか！」ってなった（笑）

※黒色のペン・ボールペンを使って、枠内に書きましょう！（鉛筆・シャープペンシル不可！）

最終号へ向けて（のまとめ）

字が汚くて小さくてすみません。でもボールペンは苦手だし　なにより右手がもう限界です。orz

毎度参加するたびに思うのだがイタリアの誕生日（というかヨーロッパの誕生日文化？）はすさまじい。大きく異なるのは日本の誕生日はその人を取り巻く人々がいろいろと計画するのに対しイタリアはその人が皆を自分の主催するパーティーに招待するということ（レストランを自分で予約する）。自分にはなんだか真似できない。9月でよかった…

そしてあげるプレゼントもけっこう違ったりする。今まで見てきたもので驚いたのは、服、ヘッドホン、ゲーム等である。服とか好みと違ったりサイズ合ってなかったらどうするんだよ…

ついこの間17になる子の誕生日ではクラスの皆で5€ずつ出してインスタントカメラをプレゼントした。自分はそういった高価なものには惻隠の心が生じてしまうから、純粋にこういう風習を見るのはおもしろい。もうこっちには大体8カ月くらい住んでいるからなんだか感覚があやふやになっているけど、思い返してみればどれも自分には新しい価値観だった。

こんな感じ

回想シーン

ここに来る以前自分はイタリア人（欧米人）は「社交的でスマートで視野が広い」という先入観があった。勿論、電車が時間通りうんぬんの話も知っていたけど、それよりもスマートなイメージが強かった。でもいざ自分の目で見てみたら全然違っていて… それが初めて感じた新しい世界（？）だった。実際のイタリア人は確かに社交的だけどそれほどスマートではなくて、というかむしろなにもかもがサツでうるさくて、という印象をうけた。感情の起伏がとにかく激しく口を開けば大音量で喧嘩を繰り返す…言いたい放題だけど当時はそんな風に感じた。でもそんな彼らを見ているうちに少しずついろんなことを理解していった。陽気で社交的だからとにかく顔が広く、週末は親は子どもを連れその友人と必ずといっていいほど食事に行く、だから子どもも同じように育つ。くだらないことでもすぐに頻繁に口論になる、そこで意見の違いを知りあって仲良くなる。などなど…

周りを見ずに歩く人々、後先考えずに騒ぐ連中、そういうのばっかのイタリア人のことを「マナーのなってないやつら」というようにしか最初は思えなかったが（そのとおりなのだが）、いろんなものを見て感じて、彼らは「自分には見えていない側面が見えている」というように今は解釈している（マナーはなんとかしてほしいが）。今思えば日本にいた頃の自分は何も見えていなかったし、見ようとさえしていなかったとも思う。どれほど、どう成長したかは分からない。でも少なくとも、自分を井の中の蛙から変えたこの経験は大きな意味と価値を持っていると思う。

こいつがマジでうるさいな

…なんてかっこつけて書いているけど皆の目にはどう映るんだか… そんなこんなで次が最後のレポートです。きっと他の16生も仕上げに入っているんでしょう。今更だけど自分のマンスリーは他のYL生と書き方が少し違うので毎度不安なんですよ… まあそれも個性ということにしましょう。十人十色ってやつです。よし、16生のスローガン十人十倍に変えよう。…何くだらないこと言ってんだ…

では最終号のマンスリーで会いましょう！　それでは。


2017.6.19…？

※本部使用欄

（送付先：東京都渋谷区渋谷2-2-10青山H&Aビル3F　言語交流研究所　国際部　〒150-0002(JAPAN)

マンスリーレポート 浅野修平

2016-2017 4 月

HIPPO YEAR-LONG PROGRAM MONTHLY REPORT

Name Shuhei Asano Country Italy City/State Cesena

日本の学校名 横浜平沼 (神奈川 都道府県) 学年 3 年

Ciao tutti! Sono Shuhei Asano, come state? Alla fine, si finisce aprile, Adesso fa caldo piano piano, mi piace questo tempo che si vive più comodo. Dunque, vi presento il evento di aprile.

~ In Aprile ~

1/4, questo giorno, si dice una bugia in giappone. (April Fool's Day) Ma in italia un po' diverso. Si scherza (o scherzare, o fare il stupido). Nella mia classe quand io ho entrato l'aula, tutti le sedie si erano messe il contrario. Loro italiani impiegano per come questa cosa sempre. In caso mio, non voglio fare così fastidioso però, ho pensato che va bene così stupido ogni tanto.

9/14, io sono andato a mangiare di ristorante giapponese che cucina giapponese con la famiglia. La prima, hanno presentato la cultura del kimono per loro cliente e dopo, abbiamo mangiato.. 寿司, 天ぷら, 牛丼, e 抹茶アイス. Mi sono meravigliato perché non ho pensato che mangiare 天ぷら con てんつゆ in italia. era molto buono... Nel questo paese, non ci sono giapponese la maggiore parte di negozi (si puo dire anche così di ristorante italiano in giappone però...)

Nel paese cristiano, c'è la vacanza in primavera (si chiama Pascua). Così siamo andati a vedere i nonni a Gargano in Puglia. Abbiamo usato una piccola casa che c'è nella tenuta del nonno che si amministra lui da prestare per fare un campeggio. Ci erano tante galline. La mattina, erano noiose molte... Non c'era qualcosa da fare così il tempo è passato comodo. La sera, abbiamo mangiato la cena con i nonni spesso. Era termine corto però mi sono soddisfatto questa vacanza.

コケー! コケー!! コケー/ コケー/ コケン コケー コケー

このへん

内容 4/1 エイプリルフール、4/9 日本レストラン、春休 宗教の休日期間にて

※黒色のペン・ボールペンを使って、枠内に書きましょう!(鉛筆・シャープペンシル不可!)

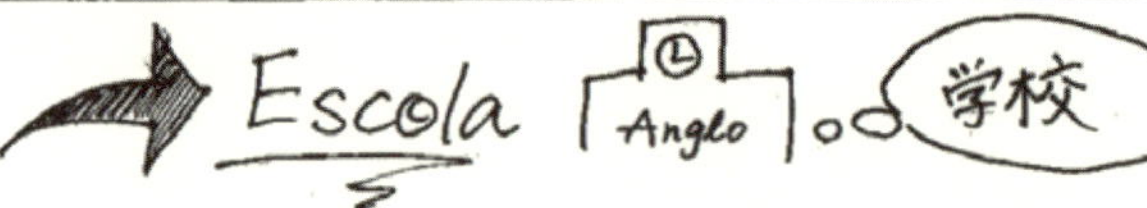

毎日PaiかMãeに車で送ってもらってる

そしてそして、大切な学校！あたしの学校は家から車で5分10分くらいかな。なんとブラジルに着いて3日目から、学校へ行ったの!! 2日目に「Tomoko明日学校ね。頑張って♡」って言われてびっくり!!「明日!?!?!?」って叫びそうになっちゃったよ。

私がこれから通う学校は、"Anglo"っていう名前で、15生のひろしが通ってた学校だったの！そこでまたびっくり!! 朝にPaiと学校へ行って、マルセラっていう1年生をサポートしてる女の人と話し、教材を受け取り、いざ教室へ!! もう心臓バクバク！入ったら、先生が私を紹介してくれて、教室が「オー！」ってなったの。留学生は少ないみたいね。席にすわるまで、Bom dia!って声かけてくれる子が沢山いて、すっごく嬉しかった!! その日前の席の子が手をひいてくれて…一日をすごしました。もう本当にみんなやさしい。Muito Muito Obrigada!!! 学校は、朝7:10～12:25まで！っていっても午後にも（曜日によっては）Projetoや Inglês, Maquiagemのクラスがある。

2回ある休み時間は教室から出されるの！スナックやパンを買って、Amigosと過ごす!! 話したり、だらだらしたり！授業は筆記体でポルトガル語はやくて、全然分からない！でも、先生の話すことをメタ活してる～！何日か経って、ちゃんとクラス見渡してみたら、なんと!!… 女の子達が美女々ナイスバディに美形!! 20代の集まりみたい。でも、歳きいてみたら、14歳とか。おどろき…。あと、先生がとってもフレンドリー！動きが激しい!!

～言葉 Português～・～

Portuguêsは正直まだ分からない。でも「イチローのCDにでてくる言葉だ！」とか耳にひっかかる言葉はけっこうある！そういうときは誰かに聞いて…解決するようにしてる！意味が分かるとものすごく、すっきりするんだよ～！今までひっかかってたことが全部つながる感じ！でも無意識の内に自分の知らない言葉に出会うのが苦痛って思うようになってたみたい。相手の言ってる言葉が分からずに、何も返せず「Português話せないんだ」って思われるのが嫌だった。でも、2月が終わってみて、まだポルトガル語話せないのは、本当のことだし、知らない言葉に出会うことは喋れる自分に近づいてるってことだ！今の自分をさらけだして、ポルトガル語にひたろうと思う!! 色々な事を悩む毎日です!!

Brasilといったら…… Carnavalでしょ!!!!

São Pauloのカーニバルいってきました～！夜の11時頃に始まったカーニバル！めいのHost Famíliaとminha Famíliaが知り合いだったこともあり、一緒に行った!! いや～やっぱりTVの前とRealとではちがうね。乗り物？あの作ってあるCarroみたいなやつ。ダイナミックで迫力が半端じゃない!!! 色鮮やかで、ダンスも衣装も音楽団もすべてが、きらびやかだった!!! あの光景は一生忘れないよ。

まだまだ書きたいことは山ほどあるけどこのあたりで終わります。全てのことが初めてで、充実した2月でした！また来月！Tchau pessoal～♡

※本部使用欄

（送付先：東京都渋谷区渋谷2-2-10青山H&Aビル3F 言語交流研究所 国際部 〒150-0002(JAPAN)）

マンスリーレポート 小山智子

2016-2017　　2月

HIPPO YEAR-LONG PROGRAM MONTHLY REPORT

Name Tomoko Koyama　Country Brasil　City/State São Paulo

日本の学校名 都立 小平高等学校 (東京 都道府県) 学年 1 年

Oi!!! Todo Bem??

Eu sou Toko ㋡ はい。ついに私がマンスリーを書く時がきましたね。

2月10日にJapãoを出発して約30時間後 地球の裏側、Brasilについた!! イタリアのRomaでトランジット! 空港広すぎて、迷って 悩んで 聞いて…ブラジルにたどり着けないかと思った…。25時間を飛行機内で過ごして入国時には、体バッキバキ!!! そのまま Host Familiaと対面して空港とバイバイ… 車の中はド緊張!!

私のFamiliaは… 4人家族 と

Mãe ママ
いつも笑顔が素敵♡
言っていることは分からなくても
その笑顔に元気をもらってる!!
踊るのが大好き♡

Pai パパ
パパも笑顔が良い!!
スポーツマンで毎日テニスしてるの!!! 健康!!
とってもやさしい!

あたしの家族はとっても仲がいい!! みんな優しくて Activeな家族!

私も笑顔を絶やさずにいよう!

Irmã ホストのAna
16歳の元気な子!! キャピキャピ☆
CISVっていう団体に入ってて
ノルウェーとポルトガルに行ったことがあるの! Inglêsがペラペラ!!
Músicaとおしゃべりが大好き♡

Irmão お兄ちゃんTheo
19歳のお兄ちゃん!!

アニメとStar warsが大好き!! São Pauloの大学でHistoriaを勉強してる!!

時々、週末São Pauloから帰ってくる!

とってもやさしい!!


お手伝いさんのニニーニャ!

いつも笑顔!!!!

毎日おいしいご飯を作ってくれる。

Casa

私の家は、São Paulo州のSão José dos Camposという所。São paulo から(車で)1時半くらい。ブラジルの中でも、結構安全らしい。油断はしないけどね。アパートの22階!

部屋からの眺めが最高! アパートにはプールやGym、Festaを開ける部屋もあるの! もう色々勢ぞろいで内案してもらっても覚えきれなかったよ～。さらに、さらに…

家には、シャワーが4コ!!! なんてこった—!! Ana, あたし, PaiとMãe, お手伝いさんで、それぞれ使ってるの。お部屋も一部屋もらっちゃって、一人部屋でございます。

立派な鏡に大きい押し入れ!! もう、おどろかされるばかり….

※黒色のペン・ボールペンを使って、枠内に書きましょう!(鉛筆・シャープペンシル不可!)

♥Suka masakan di Malaysia♥

1. nasi paprik ayam
↳まったく辛くなくて、めっちゃ美味しい!♥

2. Roti canai
↳クレープみたいなのを、カレーにつけて食べる。インド系の料理。朝よく食べる!!

3. nasi goreng cina
↳マレーシア風チャーハン。色んな種類あるけど nasi goreng cina が一番好き♥

たまに辛くて、どうしても食べられないものもあるけど、マレーシアのごはん本当に美味しい!

nasiは毎食食べてるから あんまり日本のごはん恋しくなってないへ!!

Pisang Gorengもめっちゃ好き♡

◎ Saya pakai tudung.

トゥドゥンを学校に被っていったら、みんなにすっごく喜んでもらえた！女の子とさらにぐっと仲良くなれた！本当は毎日被っていってもいいねんけど、トゥドゥン被った時の独特の耳のこもり方とか、首のあたりとかが慣れなくて…。最近は行事とか、自分がつけたくなったらつけていってる!! 学校の家にお泊まりした時は、みんながキレイにトゥドゥン巻いてくれたりしてすっごく嬉しい!! 学校指定のトゥドゥンも可愛いのだったら良いのになあって。（学校指定のトゥドゥンは真っ白で少しぶあつ目）先生とか出かけた時とか、テレビとかで本当に色んな巻き方があって、キレイ!! 帰るまでに自分でキレイに巻けるように教えてもらう!!

5月から6月中頃まで puasa!! みんな「つかれる」「やせる」「太る」って色々教えてくれるけど、やっぱり「楽しい」ってのが一番聞く!! みんな楽しみにしてる puasa! きっと大変やろうけど、楽しみへ!!

※本部使用欄

(送付先：東京都渋谷区渋谷 2-2-10 青山H&Aビル 3F 言語交流研究所　国際部　〒150-0002(JAPAN)

マンスリーレポート 源治まりも

2016-2017

5月

HIPPO YEAR-LONG PROGRAM MONTHLY REPORT

Name Marimo Genji (も～ちゃん) Country Malaysia City/State Rawang

日本の学校名 武庫荘総合高等学校 （兵庫 都道府県） 学年 2 年

Apa khabar? Saya sihat ☺ ♥♥♥

Bulan ini ada exam, Hari Guru dan puasa.

◎ Saya ambil exam. Sangat susah

初めてテスト受けた～。2週間テスト週間で1日2教科～3教科ぐらいを10日間。1教科で3種類テストがある教科もあって、とにかく難しい
マーク式は選ぶことできるから答えられたけど、記述式はボロボロ～。
特に、日本で生物を選択してるから、化学と物理が…。書いてある意味はなんとなく分かるねんけど、答えが書けない!! もうすぐ1学期が終って、puasaの期間があって2学期になるから、次のテストは少しでも点数取れるように頑張りたい みんなびっくりするくらい頭良い!!!

◎ Banyak kali pergi kenduri kahwin.

毎週のようにkenduri khawinがある。日本で結婚式とかに行ったことなくて、マレーシアで初体験!! kawan kakakのkenduriやったり、kawan umiのkenduriやったり、本当に誰でもウェルカムでたくさんの人が来てる!

1日に2ヵ所、3ヵ所行った日もあって、それぞれの場所でごはん食べるから帰るころにはお腹いっぱい…。kenduriの会場もめっちゃキレイで、花嫁さんと花婿さんも本当にキレイで行くの大好き♥ マレーシア式の結婚式でたくさんの人に祝ってもらうのって良いな～って思ってる!!（笑）

◎ Saya tak pandai...

毎回マンスリー学校でも書いてるねんけど、みんながマレー語の部分いっつもチェックしてくれる! 聞こえたまんま書くとだいたい「H」「L」「R」あたりを間違ってる～。マレー語の先生いっぱいいるの!（笑）

※黒色のペン・ボールペンを使って、枠内に書きましょう!（鉛筆・シャープペンシル不可!）

保護者名(ヒッポネーム) 久米篤(スリーピー)・直子(ディーニャ) イヤロン帰国者名 久米睦子(うさぴょん)

大きくなって、元気に帰ってきました。よかったね！(スリーピー)

YL中は、基本的に、必要な用件(お金のことなど)以外連絡とらない、と決め、たまには手紙を出そうと思っていたけれど、何ならあちらの生活に浸る邪魔にならないか分からなくなったりして、結局、手紙らしい手紙は書けなかった。

成田でゲートから出てきたうさぴょんは、どことなく雰囲気が変わり、充実感に満ち溢れている。(元気そうで、ホッとする。)口から出てくるのは、普通の日本語。返事(「はい」みたいなの)はカナダ式。話したいことがどんどん出てくる。意見や気持ちもはっきり言うようになった。

帰国翌日、カナダの友人と音声通話している。あー、そんな風に普通に(日常の普段着の英語)しゃべっていたんだね。

さっとドア開けてくれたり、荷物持ってくれたり、食器片付けてくれたり。

YLの11か月、様々なことを経験し、吸収し、成長してきたことが端々に窺える。

うさぴょんが高校に入る時、居住地の関係で、本人、親、それぞれ別のファミリーに移った上、なかなか参加できない時期もあった。その中でのYL準備は不安も多かったが、両方の地域から、そしてそれ以外からも、沢山の応援をもらい、また、帰国後も共有を楽しみにしてくれていて、そんな仲間達・環境にただただ感謝です。

(ディーニャ)

フェロー名(ヒッポネーム) なえちゃん 地域 北海道1 ファミリー名 クンチャーンF

うさぴょん おかえり～♪ 親元から遠くはなれていること、学校の寮生活や授業・牛のお世話など、なかなかきびしい条件の中、準備して出発したうさぴょん。希望していたカナダの農業や酪農にふれるチャンスがないかもしれないと言われていたのに、農業関連のイベントに参加した！とか、友人と酪農の話をした！とかいうマンスリーを読んで、ファミリーのメンバーみんなで よかった～!! とホッとしてたんだよ。それって、うさぴょんがまわりの人たちに、たくさん話して、伝えていたからだったんだね。頑張ったね。幸せな時間がすごせて本当によかったね。

この経験をいかして 次のステップに進め～♪ 応援してるよ。

(報告をきくのはこれからだけど…… マンスリーには書ききれなかった事も含め い――っぱい話してね。楽しみにしてるよ。)

久米睦子

名前
久米睦子

ヒッポネーム
うさぴょん

留学国
Canada

出発時の学年
高2

あなたにとってのYLは？
宝物

将来の夢や目標は？
酪農関係の仕事に就く

カナダで得た1番大きな物は、

自分は自分で良い！ってゆうこと。

色んな国の人達、色んな考え方の人達に出会えて、いちいち周りの目を気にしないで自分のやりたいことをするのも大事なんだなって気付いた。

皆、違う文化の中で育ってきてたり、宗教が違ったり、もちろん好きなこととか、感じ方が違うわけだから。

周りの目を気にしてたらすごい疲れるし、自分の好きなことが相手にも伝わらないけど、「私はこれが好き！」ってしてたらそれが好きな人達と友達になれたり、私がどんな人間なのか相手にも理解してもらえる。

私は、「牛が好き！」ってあちこちで言ってたら、ホスト家族とか学校の先生が牧場に連れて行ってくれたり、イベントに参加できるように声をかけてくれたり、見つけてきてくれたりした。

他にも動物好きな友達が私のために牛のかわいい写真とか面白い写真を見つけて送ってきてくれたり、そこからまた会話が始まったり。

本当に良いことずくめだった！
だから、自分を出すのは大事だって気付けて本当によかった！

そうゆうふうに思わせてくれた家族、友達、周りの人達には本当に感謝の気持ちでいっぱいだし（日本とカナダどっちも）、なによりもYLに行くってゆう決断をして本当によかった!!

Thank you so much for everything to everyone♡

保護者名(ヒッポネーム) 佐藤晴彦(はるちゃん)　イヤロン帰国者名 佐藤かの子

娘が無事帰ってきてほっとしました。メキシコでの生活がとても楽しかったようで本当に良かったです。今まで色々な交流に行っているので、YLに行くことはあたり前と思っていましたが、YLは今までの交流とは異なり、学校にも行き、家族との時間も長いので、わがままな娘がたえられるのかとても心配でした。しかしながら、メキシコの両親、お姉ちゃん、親せきに愛され、たくさんの友達もつくって帰ってきました。また、Hippo以外に趣味を持っていなかった娘が、ダンスという趣味を見つけてこれたことも行かせて良かったと思っています。成長したなあと感じています。しかしながら、大事なことは、これからだと思います。この体験を糧に、これから娘がどうしていくのかとても楽しみです。いない間とてもさみしかったですが行かせて良かったです。今まで応援して下さった皆様本当にありがとうございました。

かの子！お帰りなさい 7/1に私達の前に現れた娘は髪の毛をしぶい金色に染めていたものの思っていた程太ってもいず、外見が変わっていないのも手伝ってか今までいなかったなんて感じさせないくらい家族の中にスッと戻ってきた。性格的なことはYLに行ったくらいでは変わらないこともあり、私の小言も始まっているが「ママ、変わってないね。いいわ〜」と言われる始末。でもその言葉に確実に娘の心のキャパは大きくなっている，メキシコで色々な人と出会い、愛されたと言い切るだけあるな，成長したんだな…と実感した。自分自身の親ロン…2つ目のファミリーを立ち上げたということは娘にも報告できるかな？引き続き私もAnimo!!! 娘に「幸せ」なYLをくれたホストファミリー・メヒコの皆さんと応援してくれた讃²・陽²F・下町，マイーカ，挫けそうな心を支えてくれて本当にMuchísimas Gracias!!

フェロー名(ヒッポネーム) 中山摩利子(マイーカ)　地域 下町　ファミリー名 マイーカファミリー

早朝の成田空港からの電話で帰国第一声は明るい声で「ただいま！あっ日本語が難しい！」でした。このひと言で10ヵ月のメキシコでの生活を感じとることができました。報告はまだまだほんの一部しか聞いていません。しかし私が一番大事なことと考えて心配していた点については、もうすでに彼女から解答をもらえたように思うことができて「マロンおめでとう！よかったね！」と伝えました。

メキシコYL生には"留学イコール、ヒッポではない！"と云われながらも、マロンはメキシコでのヒッポ活動、ヒッポ作りを他の誰よりも強く思っていたと思います。最初に届いたMRの中でファミリー活動の場が少ないことにふれていました。今マロンは以前よりも更にやさしくなって帰国しました。いろいろな要素があると思います。ホスト家族、特にホストママの愛情、そしてダンス教室年令をこえた仲間達と自分を思いっきり表現する喜び、何よりも"笑顔"をほめられる嬉しさ、やりとげた実感を持って帰国しました。この実感こそ、マロンの宝物だと思います。「おめでとう！」

宝物レポート　佐藤かの子

名前：Karoko Gómez Sato

ヒッポネーム：Karoko ○ Maron

留学国：México

出発時の学年：高校1年生

あなたにとってのYLは？
新しい自分を見つける旅

将来の夢や目標は？
スペイン語もっと話したいし、学びたい！メキシコに戻ること。頑張らなくちゃいけないことを頑張れる人になる。

¡Hola! Quiero darles las gracias a cada uno de ustedes. También quiero agradecerles por ayudarme y apoyarme por siempre. Este año es uno de los mejores años de mi vida! Me gustaría regresarme pronto a chihuahua. Muchas pero muchas gracias :)

私はメキシコのチワワ州に10ヶ月間行ってきました。私がメキシコの国の中で1番好きなことは家族をとても大切にすることです。日本では家族っていうと私の場合は両親と私だけだけど、向こうでは"familia"っていうと親戚も全員含めたみんなのことをいいます。私が大変だったときや辛いときに1番私を支えてくれたのは家族だったと思います。この留学期間ですごく感じたことは家族の大切さで、昔は当たり前だと思っていた存在だけどだからこそもっと感謝を伝えていきたいです。

私はヒッポがすごく好きで、メキシコに行くことを決めた理由の1つはヒッポがあるからでした。でもメキシコでは家族，友達，勉強，ダンスってたくさんのことを体験して大切にして最初は少し戸惑ったこともありました。でも、今はヒッポも含めて全部私にとって大切なことで、メキシコに行って私の世界がすっごく広がりました。そんな私の生活が今とても好きです。

日本に帰る少し前にお母さんに言われたのが、「あなたは私のお腹から生まれた本当の娘じゃないわ、でも私の心の中に1つの種があってそこにいたのがあなただったんだよ。10ヶ月前までは私もあなたのことを知らなかったし、あなたも私のことを知らなかったけど今こうやって知り合って私の心の中で育って今ここにいるのがあなたなんだよ。」っていう言葉でした。それを聞いたときに私は本当にこの人に出会えて良かったって心から思いました。

私のYLをひとことで表すなら"幸せ"だと思います。メキシコでは本当にたくさんの人に出会って、たくさんの人に愛された1年でした。向こうで出会った人達は今私にとってすごく大切で、私にたくさんの幸せをくれました。本当に私は恵まれていたと思います。その幸せをくれた人達に今度は私が恩返しをしたいです。

今1番に頑張りたいと思うことはスペイン語をもっと学ぶことです。ヒッポのCD もっと聞いて歌いたいし、スペイン語検定にも挑戦したいと思います。メキシコのチワワに帰ることが私の夢です。応援ありがとうございました!!!

保護者名(ヒッポネーム) 森田幸美(ばんちゃん) イヤロン帰国者名 森田洸仁

あっという間に10ヶ月が過ぎ、こうじんが帰ってきました。

関空のゲートから、ゆっくり出てきたこうじんは、少し背が伸びた感じがしました。

話し始めると、日本にいた時のままでした(笑)。家路に向かう車の中で、イタリア語のCDを聞くと、「うわー 解る!そのまんまやん!」とかいろいろ言いながらケラケラ笑っていました。家では無意識にイタリア語がちょこちょこでてきます。あー、10ヶ月イタリア語の環境に浸っているとこうなるんだなぁと実感。


イタリアでは2回のホストチェンジをし、3家族にお世話になりましたが、どの家族もこうじんを温かく迎えてくださり、昼寝もさせてもらい、好きな物も好きなだけ食べさせてもらい、いろんな所にも連れて行ってもらい、本当に幸せな生活をさせてもらえました。

学校の友達もフレンドリーに接してくれ、こうじんが何かできるようになる度に、「ブラーボ!! ブラーボ!!」と誉めてくれたそうです。ホスト家族、友達、コーディネーター、たくさんの温かい人達に出会えたイヤロンはこうじんにとってかけがえのないものとなりました。この経験を経て、また新たに成長していってほしいと思います。

最後になりましたが、フェロウの皆様、ファミリーの皆様、東京・関西本部をはじめ、イヤロン生に関わってくださった皆様々にお礼を申し上げます。
ありがとうございました。

フェロー名(ヒッポネーム) 北野永里子(エリンコ) 地域 阪和 ファミリー名 泉大津Waldファミリー

ちょっと大人っぽくなったかな?凛々しくなったよね。カッコイイやん!

到着ゲートから出て来たこうじんの第一印象でした。そして話し始めると、そこには、10ヵ月前と変わらないこうじんも居て、お迎えの皆から「全然変わってな――い!」と、嬉しそうに言われていました。

ホスト家族の都合で3度のホストチェンジがあったことも、日頃の飄々とした性格で何でもプラスにしてしまう彼の話から、どの家族からも愛され、また愛していたことがよく分かります。

お迎えには、ヒッポメンバーだけでなく、沢山のお友達も迎えてくれて、本当に何処でも、誰とでも仲良くなり、愛されるこうじんなんだと再確認。

10ヵ月の経験をもって、これからもっと、素晴らしいこうじんに出会う「冒険」を一緒に楽しんでいきたいと思っています。

名前：森田 洸仁

ヒッポネーム：こうじん

留学国：イタリア

出発時の学年：高1

あなたにとってのYLは？
情けは人の為ならず

将来の夢や目標は？
楽しく生きる

Milanoの研修がとにかく楽しかった分、Udineのホストファミリーと会ったとき、始まった!という実感と、全くイタリア語が分からない不安もすごかった。でも、ホストファミリーは本当にいい人たちだったし、学校のみんなも超フレンドリーで、2,3日で気持ちが楽になった。1番最初のホストファミリーは、みんな優しい人で、特にママが日本にめっちゃ興味をもってくれて、英語とぐちゃぐちゃのイタリア語まぜまぜで話しても、根気強く聞いてくれて、このおかげでイタリア語がかなり上達した。そして、理由あってホストチェンジをしたけど、2つ目の家族もめっちゃ優しかったから安心した。このホストファミリーは、英語を一切話せなかったけど、全く不便を感じなかった。ということは、12月の時点である程度イタリア語を話せていたことになる。このファミリーのパパが、クロアチアとボスニアに仕事に行くとき、一緒に連れて行ってくれた。観光はしなかったけど、爆弾で壊れた家や、地雷の森、銃痕とかも残ってた。戦争って、意外と身近にあるってことを、日本人は改めて認識せなアカンと身をもって感じた。また、理由あってホストチェンジをした。5月には一時預かりをしてくれた家族もいる。おかげで、色んな人に出会えたし、家族ごとの違いもみることができた。最後の日、学校の先生がみんな、君が来てくれて喜んでいたって言ってくれた。イヤロンは、もっと大変なことの連続っていうイメージがあったけど、イタリアの人たちの温かさのおかげで、とてもとても楽しいYL生活が送れた。日本の家族、ヒッポの皆んな、友達、そしてイタリアのコーディネーターをはじめ、クラスメート、ホストファミリー、先生たち全員への感謝をずっと忘れずにいたいです。

Grazie a tutti!

5　イヤロン帰国生のアンケートから

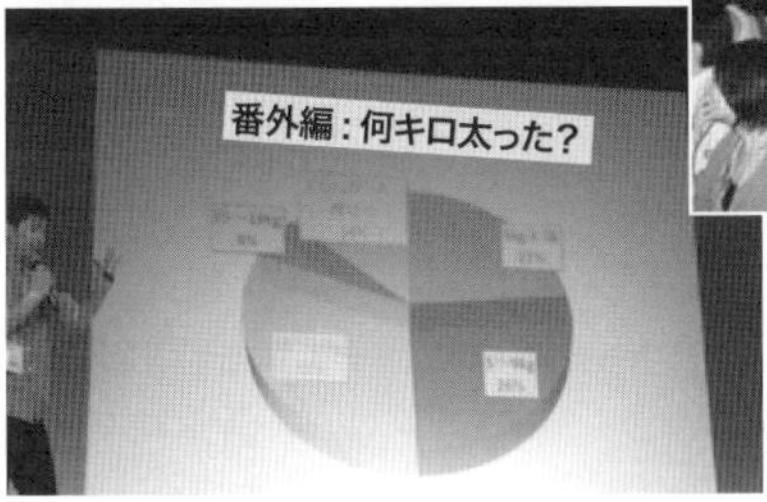

イヤロン20周年記念フォーラム
アンケートの紹介より

＊この資料はイヤロン20周年記念フォーラムのために、イヤロン帰国生（1997～2015年）126人のアンケートからまとめたものです。

出発前の自分に一言

＊人生なんでもパイオニアだから、とりあえずやったれ。

＊思ってるよりキツいよ。

＊帰国したら、「おかえり」と言ってくれる人がいます。

＊VIVA YO！自分を信じてやりきって！

＊アプリケーション提出後、留学団体のイングリッシュインタビュー頑張れ。

＊空港着いたら不思議議なホストもいるけど怖がらないで！

＊何十年も続く人生のために準備する。

＊一年で終わりじゃないよ。

＊生きてりゃ誰かに迷惑かけるんだから、気にしないで自分の好奇心を大事にね。

＊ただ楽しむべし。楽しむと何か得られるかもしれないし、ないかもしれない。

＊お願いだから真面目にマンスリーレポート書いて！

イヤロンの経験が役に立っている？

＊行く前より自信がついていたから、帰国して新しい学年でも友達がすぐにできた。

＊人と話す時、特に初対面の人と話す時、すぐ打ちとけられる。

＊準備や帰国報告会等で人前で話をすることでスピーチ力やトーク力が自然と身に付き、社会人になってからもその力が発揮できた。

＊イヤロン後、アメリカの大学へ進学、そして就職し今に至るので、イヤロンが確実に私の人生の一番大きなターニングポイントになった。

＊英語がわかるからという理由で仕事を回してもらえたことがある。

＊辛い経験が多かったので、帰国後辛いことがあっても自分で考えて解決する力がついた。

＊新しい知識を増やすことの楽しさに気づくことができた。

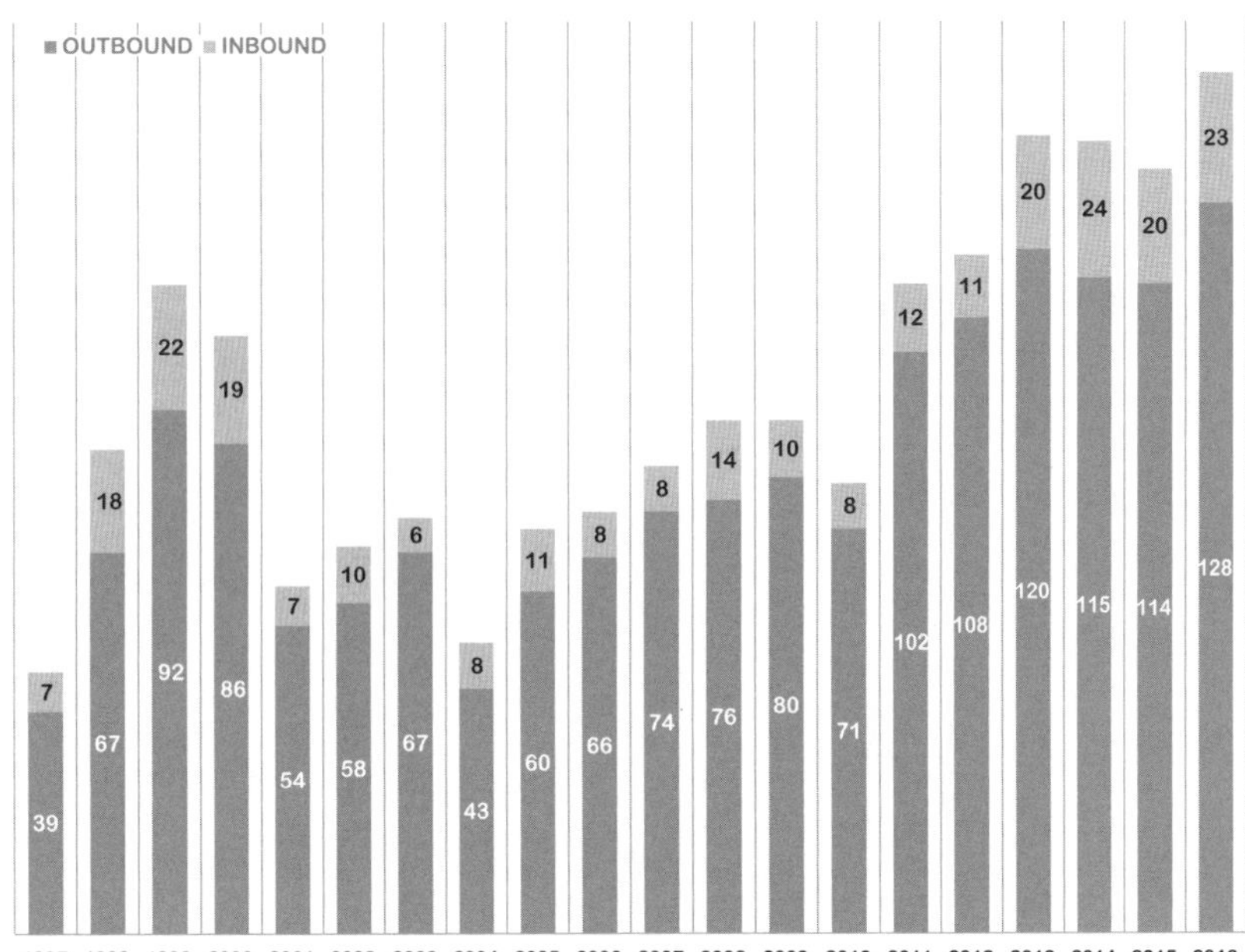

年度別 参加者数 の推移

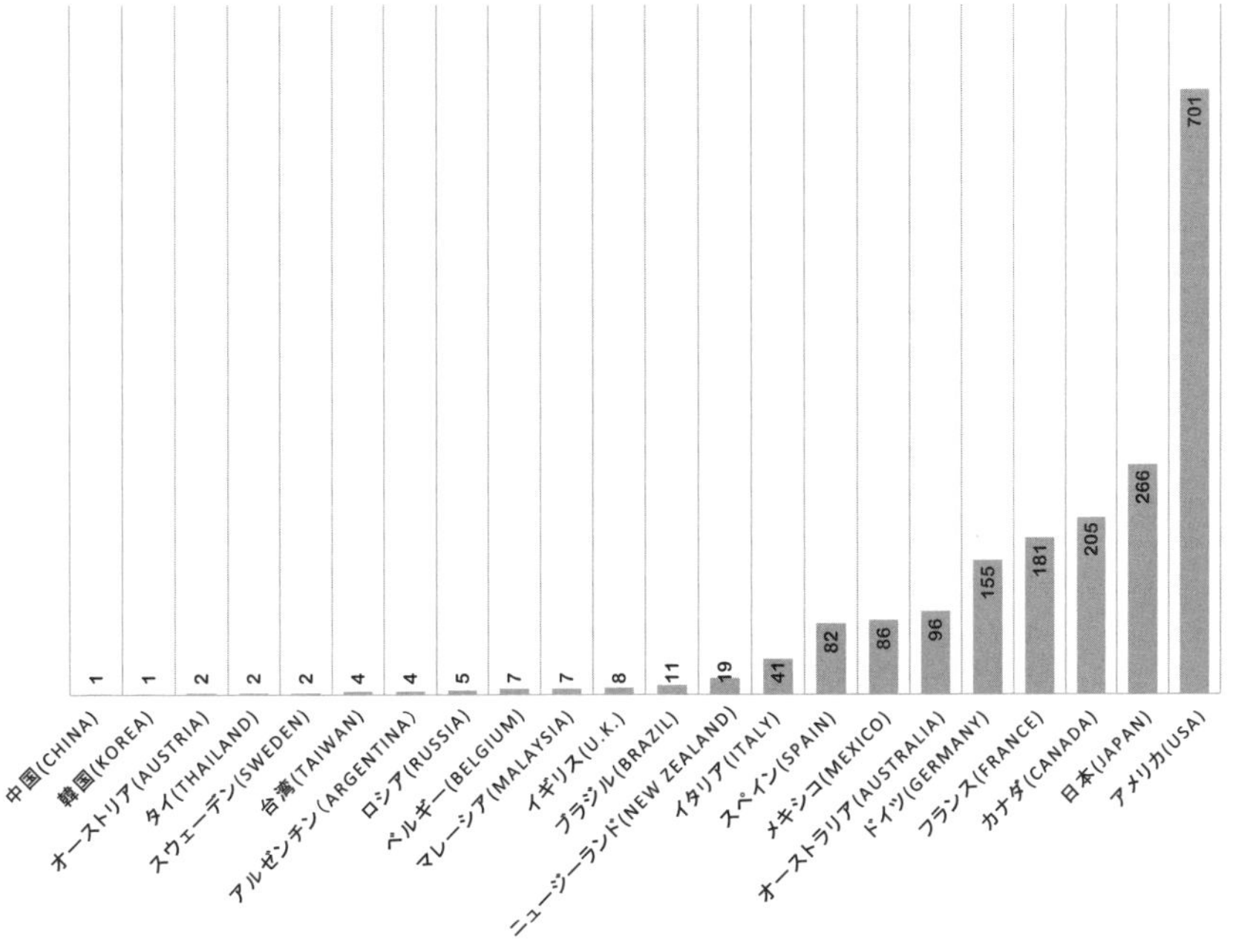

留学先別 参加者数

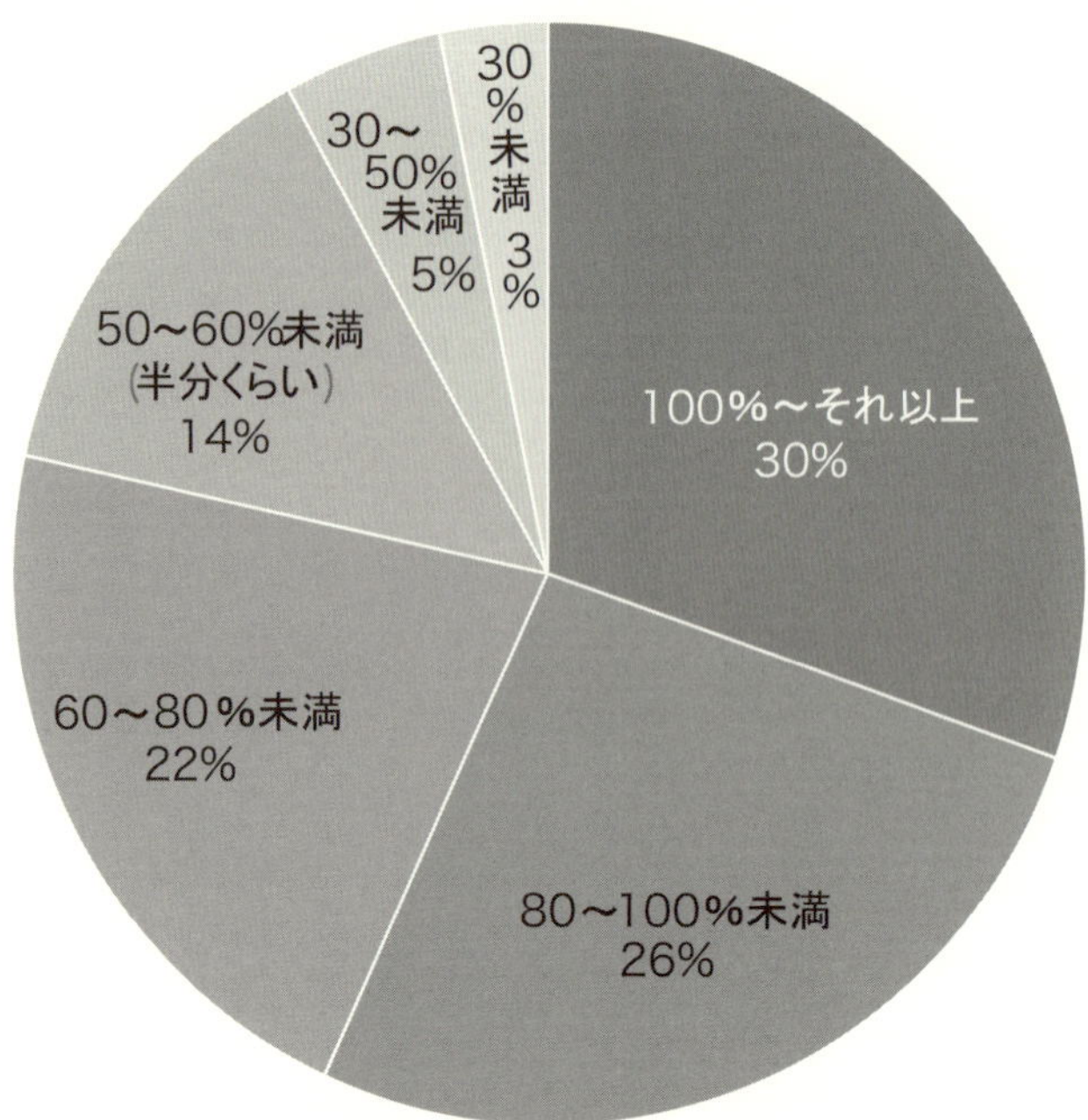

留学に対する達成感の割合

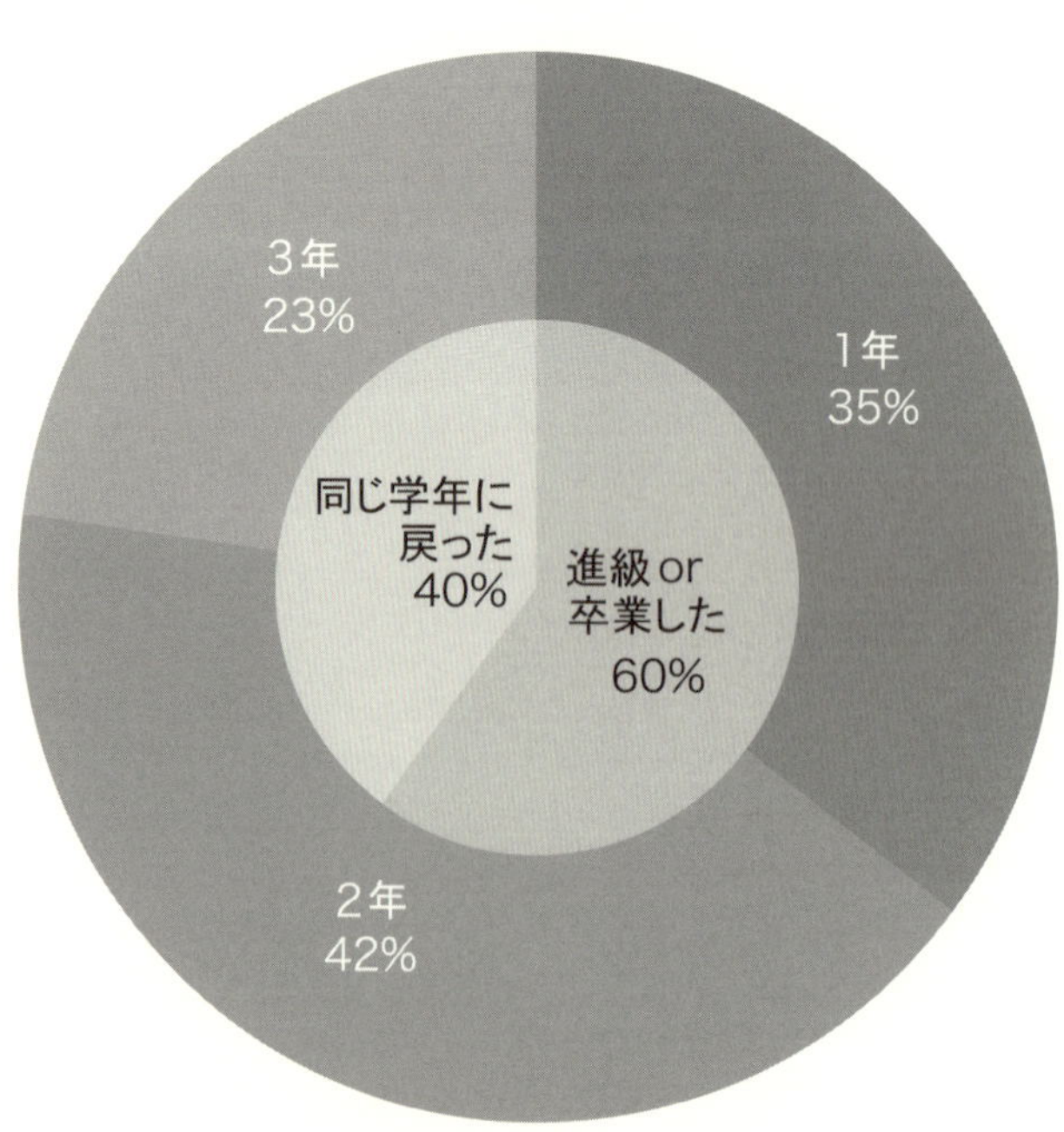

出発時学年と帰国時進級・同学年への割合

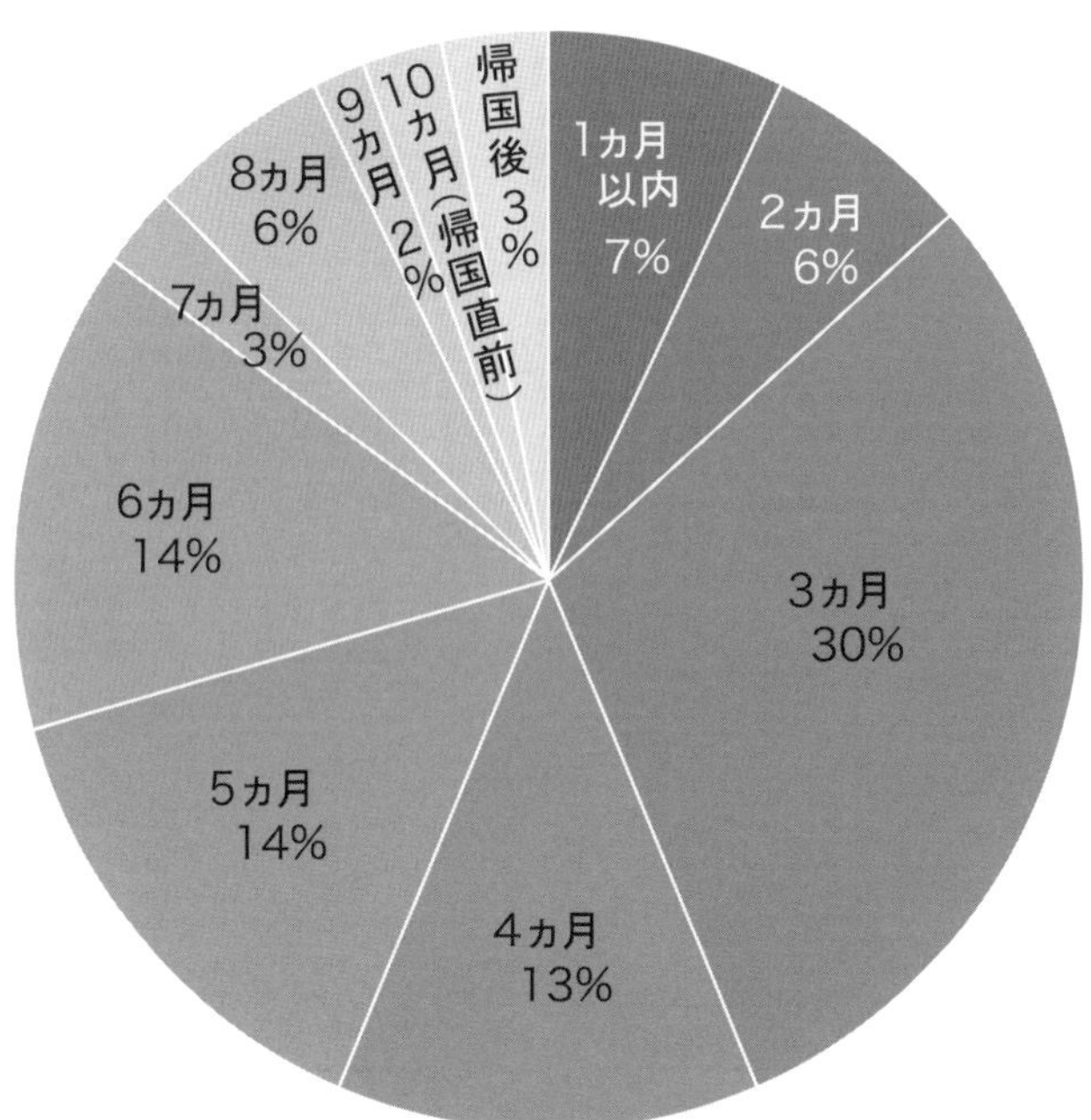

「ことばの成長」を初めて感じた時期

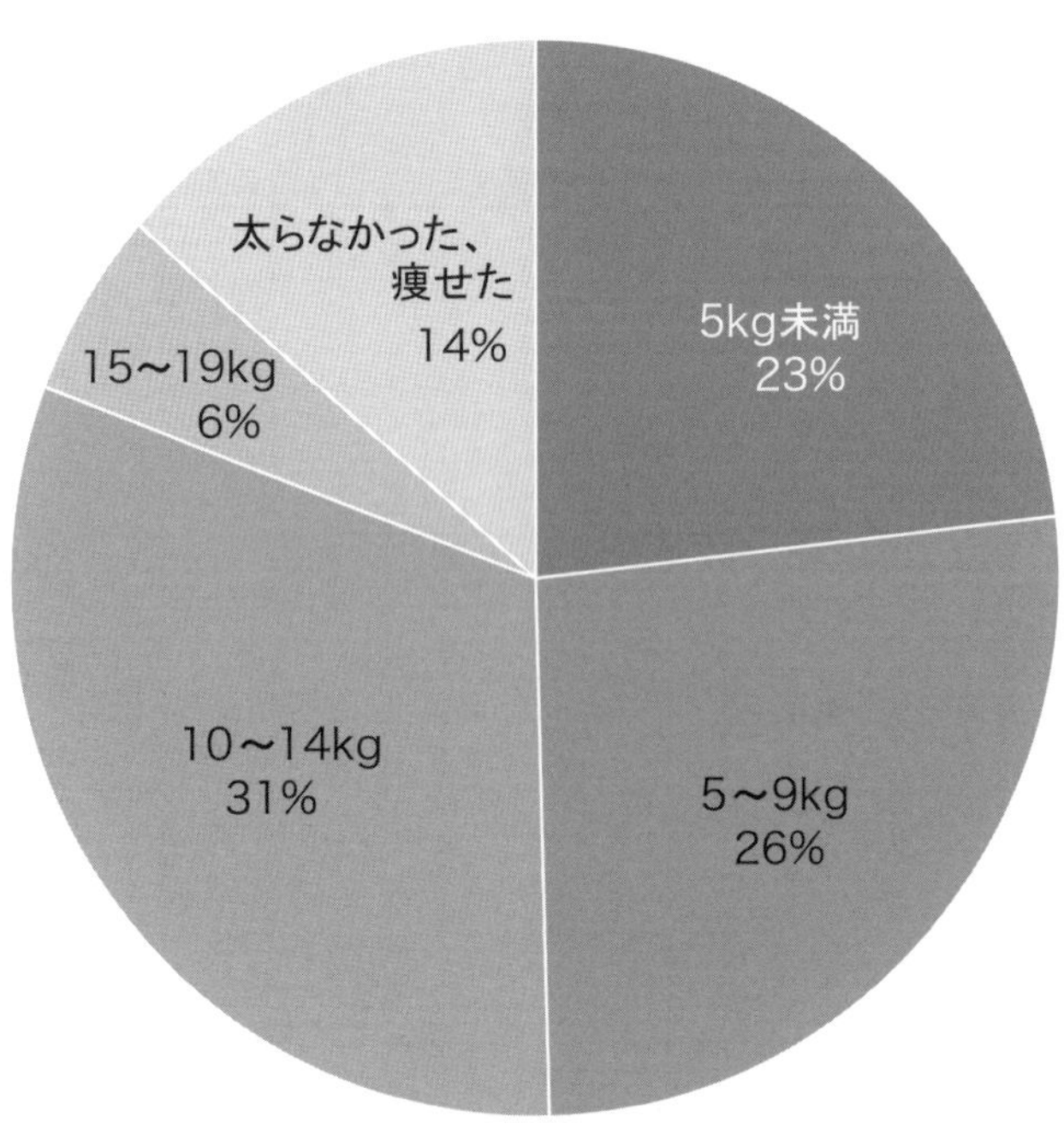

【番外編】留学でどれくらい太った？

Hippo Year Long Program

海外高等学校交換留学プログラム実績（1997～2019年）

派遣プログラム（Outbound）

	1997	1998	1999	2000	2001	2002	2003	2004	2005	2006	2007	2008	2009	2010	2011	2012	2013	2014	2015	2016	2017	2018	2019	計
アメリカ(USA)	15	15	37	43	29	26	28	28	34	34	33	34	49	35	42	51	46	41	43	38	27	26	20	774
カナダ(Canada)	13	25	29	18	11	15	11	5	5	1	4	3	3	3	6	7	5	9	3	11	10	13	7	217
カナダ（Quebec州）			1	3		1	1	1	1	3	1		3		1	2								18
メキシコ(Mexico)			1	2	1	2	6	2	1	4	5	3	4	5	7	6	10	6	9	12	8	16	11	121
ブラジル(Brazil)							1								2	1			5	2	1	1	2	15
アルゼンチン（Argentina）																		1	1	2	3	2	2	11
イギリス(U.K.)	1	1		2	1	1			1				1											8
フランス(France)	1	4	6	5	4	2	7	4	11	7	8	14	4	8	18	9	18	16	17	18	11	13	14	219
ドイツ(Germany)	2	10	6	1	1	3	4	1	6	6	12	6	7	7	9	15	19	16	12	12	9	12	10	186
オーストリア(Austria)											1	1												2
ベルギー(Belgium)																		1	3	3	3	5	3	18
イタリア(Italy)						1					2	2	1	1	4	6	7	5	4	8	8	7	6	62
スペイン(Spain)							1	1	1	6	7	11	3	7	3	6	6	11	8	10	12	13	16	122
スウェーデン(Sweden)										2														2
ロシア(Russia)		1	1				1										1	1			1	1		7
オーストラリア(Australia)	7	10	8	9	5	4	2			3	1	2	4	3	9	4	5	5	9	6	9	6	7	118
ニュージーランド(New Zealand)		1	3	3	2	3	5									1					2			20
台湾(Taiwan)								1					1		1		1					1	1	6
中国(China)														1										1
韓国(Korea)																		1			1		1	3
マレーシア(Malaysia)														1				2		4	4	2	2	15
タイ(Thailand)																	2				2	5		9
計(Total)	39	67	92	86	54	58	67	43	60	66	74	76	80	71	102	108	120	115	114	126	111	123	102	1954

受入プログラム（Inbound）

	1997	1998	1999	2000	2001	2002	2003	2004	2005	2006	2007	2008	2009	2010	2011	2012	2013	2014	2015	2016	2017	2018	2019	計
アメリカ(USA)	1	4	1												1				1			1		9
カナダ(Canada)	4	4	12	1	2	3	1	1	4	1											1			34
メキシコ(Mexico)		1		4	1	1	1	2		2	1	1	2	2	4	1	4	5	4	7	3	1		47
ブラジル(Brazil)							1			1		1			1	1		2		2				9
ベネズエラ(Venezuela)								1																1
イギリス(U.K.)		1																						1
フランス(France)					1															1				2
ドイツ(Germany)	2	1	2	4	2	4	2	4	4	3	3	7	3	2	1	3	3	3	3					56
スイス(Switzerland)																		1						1
オーストリア(Austria)												2												2
ルクセンブルク(Luxembourg)									1		1													2
フィンランド(Finland)					1																1	1		3
イタリア(Italy)																		1	4	3	4	7		19
チェコ(Czech Republic)																		1				1	1	2
スロバキア(Slovak)						1										1								2
ポーランド(Poland)									1															1
ルーマニア(Romania)						1			1	1		1	2	2		1						1		10
デンマーク(Denmark)													1		1	2	1	1						6
スウェーデン(Sweden)																			1	1	1			3
オーストラリア(Australia)		3	6	7							1													17
ニュージーランド(New Zealand)		4	1	3																				8
モンゴル(Mongolia)												2	2		1									5
韓国(Korea)							1				2				1		2	1		2	3	4	1	17
タイ(Thailand)														2	2	2	10	9	7	7	6	8	5	58
計(Total)	7	18	22	19	7	10	6	8	11	8	8	14	10	8	12	11	20	24	20	23	19	24	7	316

（2019年3月現在）

ヒッポイヤロンプログラム経験者　帰国後進学先

※このデータは2010 ～2015年度の対象者652人中307人のアンケート返信に基づくものです。

●国内の進学先

進学先	学部・学科等の名称
愛知教育大学	特別支援教育特別専攻科/日本語教育
愛知県立大学	外国語学部(ﾖｰﾛｯﾊﾟ学科・ｽﾍﾟｲﾝ語圏専攻)
愛知大学	現代中国学部現代中国学科
青山学院大学	教育人間科学部(心理学科)/経営学部(経営学科)/国際政治経済学部(国際経済学科)(国際政治学科)/法学部(司法ｺｰｽ)
桜美林大学	リベラルアーツ学群/生物に関連する学部
大阪医科大学	看護学部
大阪大学	法学部(法学科)/外国語/人間科学部(人間科学科)
大妻女子大学	文学部(英文学科)
学習院大学	国際社会科学部(国際社会学科)/経済学部(経営学科)
神奈川県立保健福祉大学	保健福祉学部(社会福祉学科)
神奈川大学	外国語学部(英語英文学科)(国際文化交流学科)/工学部(情報ｼｽﾃﾑ創成学科)
川村女子学園大学	文学部(国際英文学科)
関西大学	政策創造学部(政策学科)/文学部(ﾌﾗﾝｽ学専修)(総合人文学科文化共生学専修)
関西学院大学	総合政策学部(都市政策学科)/国際学部
神田外語学院	
神田外語大学	外国語学部(国際ｺﾐｭﾆｹｰｼｮﾝ専攻)
京都外国語大学	外国語学部(ｲﾀﾘｱ語学科)(英米語学科)
京都産業大学	文化学部(国際文化学科)
京都精華大学	芸術学部(造形学科)
京都大学	工学部(地球工学科)/農学部(食料環境経済学科)(食品生物科学科)
京都文教短期大学	幼児教育学科
近畿大学	経営学部(会計学科)/国際学部(ｸﾞﾛｰﾊﾞﾙ専攻)
群馬県立女子大学	国際コミュニケーション学部(国際ﾋﾞｼﾞﾈｽ学科)
慶応義塾大学	総合政策学部/同学部(総合政策学科(SFC))/環境情報学部(環境情報学科)/総合政策学部(総合政策学科)
工学院大学	建築/先進工学部(応用化学科)
国学院大学	文学部(外国語文化学科)
国際基督教大学	教養学部(ｱｰﾂ・ｻｲｴﾝｽ学科)
駒沢大学	経済学部(現代応用経済学科)/法学部/ｸﾞﾛｰﾊﾞﾙ・ﾒﾃﾞｨｱｽﾀﾃﾞｨｰｽ学部/経済学部
埼玉県立大学	保健医療福祉学部(看護学科)
相模女子大学	学芸学部(子ども教育学科)
産業技術短期大学	機械工学科
産業能率大学	情報マネジメント学部(情報ﾏﾈｼﾞﾒﾝﾄ学科)
静岡県立大学	看護学部(看護学科)
静岡大学	教育学部(美術教育学専修)
静岡文化芸術大学	文化政策学部(国際文化学科)
上智大学	外国語学部(ｲｽﾊﾟﾆｱ語学科)/文学部(ﾌﾗﾝｽ文学科)/総合グローバル学部(総合ｸﾞﾛｰﾊﾞﾙ学科)/総合人間学部(心理学科)
上武大学	看護学部
昭和女子大学	人間文化学部(英語ｺﾐｭﾆﾃｨ学科)/人間社会学部(初等教育学科)
白梅学園	こども学科
白百合女子大学	フランス語学科
信州大学	教育学部(教員養成ｺｰｽ)
椙山女学園大学	生活科学部(生活環境学科)
聖心女子大学	
聖徳大学	幼児教育専門学校保育科第1部
聖マリア学院大学	看護学部(看護学科)

進学先	学部・学科等の名称
洗足学園音楽大学	音楽・音響ﾃﾞｻﾞｲﾝｺｰｽＰＡ専攻
高崎経済大学	経済学部(経営学科)
拓殖大学	国際学部(国際学科)/外国語学部(ｽﾍﾟｲﾝ語学科)
玉川大学	リベラルアーツ学部(ﾘﾍﾞﾗﾙｱｰﾂ学科英語ｺﾐｭﾆｹｰｼｮﾝ専攻)
多摩美術大学	美術学部(総合ﾃﾞｻﾞｲﾝ学科)/芸術学科
千葉明徳短期大学	保育創造学科
中央大学	商学部(商業貿易学科)/総合政策学部(政策科学学科)
中京大学	経営学部(経営学科)/スポーツ科学部(競技ｽﾎﾟｰﾂ科学科)/国際教養学部(国際教養学科)
中部大学	工学部(建築学科)
筑波大学	社会・国際学群(国際総合学類国際開発学専攻)/生命環境学群(生物資源学類)
帝京科学大学	生命環境学部(アニマルサイエンス学科)
天理大学	国際学部(外国語学科ｽﾍﾟｲﾝ語・ﾎﾟﾙﾄｶﾞﾙ語専攻)
東海大学	生物学部(海洋生物科学科)/体育学部(ｽﾎﾟｰﾂ・ﾚｼﾞｬｰﾏﾈｰｼﾞﾒﾝﾄ学科)/工学部
東京医科歯科大学	医学部(保健衛生学科)(医学科)
東京医療保健大学	医療保健学部(医療栄養学科)/東が丘・立川看護学部(臨床看護学ｺｰｽ)
東京外国語大学	言語文化学部(言語文化学科英語専攻)(同学科総合文化コース編入)/国際社会学部(ドイツ語専攻)
東京学芸大学	教育学部/教育学部(初等教育教員養成課程英語専修,同課程国際教育専修)
東京家政大学	家政学部(児童学科)
東京経済大学	経済学部(国際経済学科)
東京工業大学	生命理工学部(生命理工学科)
東京慈恵会医科大学	
東京自動車大学校	
東京女子大学	現代教養学部(国際社会学科)
東京大学	大学院 法学部
東京電機大学	工学部(電気電子工学科電気電子ｼｽﾃﾑｺｰｽ/理工学部(理工学科数学ｺｰｽ)
東京農業大学	国際食料情報学部(国際食農科学科)
東京農工大学	農学部(地域生態システム学科)(応用生物科学科)/大学院 農学部(生物制御科学専攻)/工学部(情報工学科)
東京薬科大学	薬学部
同志社大学	商学部/グローバル地域文化学部(ｱﾒﾘｶｺｰｽ)(ｸﾞﾛｰﾊﾞﾙ地域文化学科)/経済学部
東邦大学	看護学部
東北大学	薬学部/工学部(建築・社会環境工学科)
東北福祉大学	総合福祉学部(福祉心理学科)
東洋大学	経済学部(経済学科)
徳島大学	医学部(医学科)
常葉大学	外国語学部(英米語学科)
獨協大学	外国語学部(英語学科)(ドイツ語学科)/国際教養学部(言語文化学科)
トライデント専門学校	
長崎活水女子大学	文学部(英語学科)
長崎国際大学	薬学部(薬学科)
名古屋外国語大学	世界共生学部(世界共生学科)/外国語学部(英米学科英語ｺﾐｭﾆｹｰｼｮﾝ専攻)
名古屋工業大学	社会工学専攻 大学院(建築・ﾃﾞｻﾞｲﾝ分野)
名古屋市立大学	看護学部(看護学科)
名古屋造形大学	マンガ学科
名古屋大学	法学部/工学部(環境土木・建築学科)(建築・デザイン工学科)/教育学部(人間発達学科)

進学先	学部・学科等の名称
南山大学	外国語学部(フランス学科)(英米学科)/国際教養学部/総合政策学部(総合政策学科)/短期大学部(英語科)
日本大学	国際関係学部(国際総合政策学科)/文理学部(数学科)(体育学科)
花園大学	社会福祉
バンタンデザイン研究所	
一橋大学	法学部(法律学科)/社会学部/社会学部(社会学科)
広島大学	理学部(物理科学科)
福岡大学	医学部(医学科)
文化学園大学	現代文化学部(国際文化ﾌｧｯｼｮﾝ学科)
文教大学	文学部(英米語英米文学科英語教育ｺｰｽ)/国際学部(国際理解学科)
法政大学	国際文化学部(国際文化学科)/キャリアデザイン学部
北陸大学	未来創造学部(国際ﾏﾈｼﾞﾒﾝﾄ学科)
北海道文教大学	外国語学部(国際言語学科)
武蔵野美術大学	造形学部(工芸工業ﾃﾞｻﾞｲﾝ学科)
明海大学	ホスピタリティ・ツーリズム学部
明治学院大学	文学部(ﾌﾗﾝｽ文学科)/経営学部/社会学部(社会福祉学科)/国際学部/国際学部(国際学科)
明治大学	法学部/理工学部(建築学科)/政治経済学部(政治学科)/文学部(史学地理学科西洋史学専攻)/農学部(食料環境政策学科)
明治薬科大学	
名城大学	法学部(法学科)/理工学部(応用化学科)
山梨県立大学	国際政策学部(国際ｺﾐｭﾆｹｰｼｮﾝ学科)
山梨大学	医学部(看護科)
横浜市立大学	国際総合科学部(国際総合科学科 経営学コース,国際都市学系)
立教大学	社会学部(ﾒﾃﾞｨｱ社会学科)/経済学部(会計ﾌｧｲﾅﾝｽ学科)/文学部(ﾌﾗﾝｽ文学専修)(教育学科)(教育学科初等教育専攻)/異文化ｺﾐｭﾆｹｰｼｮﾝ学部/ｺﾐｭﾆﾃｨ福祉学部(福祉学科)/観光学部(交流文化学科)
立命館アジア太平洋大学	アジア太平洋学部/国際経営学部
立命館大学	国際関係学部(国際関係学科)/文学部(人文科 人間研究学域,ｺﾐｭﾆｹｰｼｮﾝ学域)
琉球大学	教育学部(英語科)
麗澤大学	外国語学部(日本語・国際ｺﾐｭﾆｹｰｼｮﾝ)
早稲田大学	創造理工学部(建築学科)/政治経済学部(経済学科)(国際政治経済学科)/教育学部(英語英文学科)/国際教養学部

●海外の進学先

進学先	学部・学科等の名称
Arkansas State University(アメリカ・アーカンソー州)	看護学部
Foothill College(アメリカ・カリフォルニア州)	運動学 その後、テンプル大学ジャパンキャンパス(ｺﾐｭﾆｹｰｼｮﾝ学科)に編入
Lakeland University-Japan	ジャパンキャンパス　その後、ｻｳｽﾀﾞｺﾀ州立大学(社会学)に編入
L'Institut catholique (仏・パリ)	フランス語学科（留学ｺｰｽ)
国立政治大学(台湾)	政治学科
静宜大學(台湾)	管理学部(観光事業学科)
Snow College(アメリカ・ユタ州)	
The University of Queensland(豪・クイーンズランド州)	
University of Bath(イギリス・南イングランド州)	政治言語国際学部(政治国際関係学科)
Utah Valley University(アメリカ・ユタ州)	Aviation science（航空学)

イヤロン〈海外高等学校交換留学〉プログラムQ&A

Q **イヤロンプログラムに参加する場合、ヒッポファミリークラブの会員になるのですか?**

A 海外の高校に一年間留学するためのコミュニケーション力や生活文化に対するスタンスなど、最寄りのヒッポファミリークラブに所属して準備をしていきます。

留学中、帰国後のサポートも充実しています。詳しくはイヤロンプログラム参加ご希望時にご案内いたします。

Q **面談ではどのようなことが質問されますか?**

A 面談の主な目的は、英語力診断テストではわからないこと、イヤロンプログラムの参加動機、目的意識、熱意、ヒッポファミリークラブの日常活動への参加状況や当プログラムに参加する本人や家庭の理解等を知ることです。また、留学に対する不安や質問もできる機会とし、この面談で明らかになる課題から準備を始めていきましょう。保護者・フェロウそろって面談に来ていただくことが原則です。また、本人には英語(もしくは希望国のことば)でのインタビュー等もあります。

Q 行きたい地域や学校は自分で選べますか？

A 現地留学受入機関により、アプリケーションを参考に皆さんを1年間受け入れる学校とホストファミリーが決定されますので、地域や学校は選択できません。

ホストファミリーも、特別な事情（既に一度ホームステイした家庭から招待を受け了解を得ている場合等）を除いて、自分では選択できません。

Q 海外の高校では何学年に入ることができますか？

A 受入校が、成績や順応性などを総合的に判断して決定します。従って、日本の高校と同じ学年に編入できるとは限りません。また、学年を自分で選択することもできません。

Q 留学中の諸経費、お小遣いはどの程度用意すればよいのでしょうか？

A 留学先での授業料は制度によって原則免除されますが、教材費、文房具、体操服等は自己負担となります。また、国によっては制服がある学校もありその場合も自己負担となります。また、昼食に関しては、ホストファミリー宅で用意する場合もありますが原則自己負担になります。上述諸経費、通学費を含めたお小遣いとして、平均1カ月2万～3万円ぐらいが目安ですが、国によっても異なります。

Q 留学期間中に取得した単位は、日本の在籍高校の単位になりますか?

A 1988年4月に文部省(現文部科学省)が学校教育法施行規則の一部を変更し、留学先国での一学年間の履修を日本の高校の履修とみなし36単位を上限とする単位認定が可能になりました。しかしこの単位認定はそれぞれ在籍校の学校長判断に委ねられているため、事前に学校側と相談して帰国後の単位の扱いについてご確認ください。

Q 受入校での問題や、ホストファミリーと問題が起こった場合にはどのように解決されますか?

A 学校での授業や学業上の問題は、各学校のカウンセラーの先生に積極的に相談してください。アメリカの場合、受入校として原則的にカウンセラーのいる学校が決定されますので、授業の履修の仕方やクラブ活動など何でも相談してください。国によっては、学校にカウンセラーはいませんが、担任や留学生担当の先生がおります。ホストファミリーとの問題は各国受入機関のコーディネーターと相談し、ホストファミリーとよく話して解決していきます。大きな問題は現地受入団体と言語交流研究所が相互に留学生、日本の家族と共に問題解決にあたります。

Q 留学終了後、進級できますか?

A 在籍校の学校長判断による単位認定の可否によります。単位が認定されれば進級でき(3年生で出発した場合は卒業)、認定されなければ休学扱いとなり出発時の学年に戻ります。あえて進級せずにその後の進学に備えるというケースもあります。いずれにしても留学前に必ず在籍校とご相談、ご確認ください。

進級等の取り扱いについては言語交流研究所が決定できるものではありません。

Q　1年以上交換留学をすることはできますか？　また、卒業資格を取得することは可能ですか？

A　交換留学は1年間を限度とした人物交流のプログラムで、そのための特別なビザが発給されることが基本ですので1年後には必ず帰国しなければなりません。また、卒業資格を取得することは原則としてできません。

Q　ことばのことが心配なのですが。

A　現地の高校生と一緒に授業を受けるので、それに適応できるだけの心構え、準備があるのが望ましいです。現地受入機関の要請に沿って、英語力診断テストを参考にさせていただきます。また、ヒッポファミリークラブで多言語の活動を楽しんでことばに慣れ親しみ、積極的に話していくなど、出発までにご家庭やファミリーで準備をしていくことが何よりも大切です。ことばについては現地の人々と仲良くなりたいという気持ちがあれば、だんだん慣れて学校やホストファミリーとの生活にとけこみ、貴重な高校生活を送ることができます。

＊イヤロン〈海外高等学校交換留学〉プログラムは、交換留学ビザに基づくプログラムですが、特定のご希望などがある高校留学につきましては、言語交流研究所にお問合せください。

一般財団法人 言語交流研究所　事業概要

「ことばと人間」をテーマに、多言語の自然習得と多国間交流の実践を通じて、言語と人間の科学的探究を進め、国際間の理解と人類の共生に寄与することを目的としています。

1981 年 10 月に設立され、主に「多言語の自然習得（獲得）活動」、「国際交流活動」、「研究・開発活動」の３つの活動を柱とした「ヒッポファミリークラブ」（会員制）の運営を行っています。家族や地域の会員とともに、様々な国のことばを自然に身につけ、様々な人に出会い、ともに育つことのできる環境づくりに取り組んでいます。

2013 年１月に一般財団法人に移行しました。東京都渋谷区に本部を置き、いかなる政治、宗教的な団体とも関わりはありません。

主な活動内容

［多言語の自然習得活動］

・日常的な多言語活動〈ヒッポファミリークラブ〉の運営
・ことばについてのワークショップや体験会の実施
・実践に基づいたことばについての講演会やセミナー、講座などの実施
・研究員（フェロウ）の育成
・世界各国とのネットワークづくり

［国際交流活動］

・小学生から参加できる青少年ホームステイ交流や家族で参加できるホームステイ交流
・ホームステイしながら世界の学校へ通う海外高等学校交換留学・イヤロンプログラム
・青少年世代を中心とした世界各地での自然キャンプや多言語合宿
・大学生・社会人・シニア世代の海外・国内のインターンシップ〈WIP：World Internship Project〉、海外大学留学プログラム
・ホームステイ（１泊〜長期）受け入れプログラム

［研究・開発活動］

・トランスナショナル カレッジ オブ レックスの研究活動
・各種フィールドワークの活動
・研究協力者による、オープン講座の企画・実施
・広報活動、機関紙・研究誌の発行、書籍の出版
・多言語マテリアルの企画・開発

本部：〒150-0002 東京都渋谷区渋谷 2-2-10 青山 H&A ビル 3 階
TEL：03-5467-7041（代）

ヒッポファミリークラブの多言語活動
〜Multilingual Natural Immersion〜

人間なら誰でも、環境の言語を「どんなことばでも」「いくつでも」自然に話せるようになる生得的な能力をもっています。世界を見わたすと、ヨーロッパやアフリカ、アジアにも多言語の国や地域がたくさんあります。そこで育った人は、誰でもまわりで話されているいくつものことばを難なく習得していきます。

ヒッポファミリークラブでは、それと同じプロセスで、いくつものことばを自然に身につけていく「多言語の環境」をつくりながら、家族や多世代の仲間と楽しむ活動を進めています。

多言語の多様な音に浸る

ヒッポオリジナルの多言語マテリアル（SD カード版 /CD 版）を使って、いろいろな言語がいつも聞こえてくる日常をつくります。音楽のように多言語のメロディーを楽しみます。

＊スペイン語・韓国語・英語・日本語・ドイツ語・中国語・フランス語・イタリア語・ロシア語・タイ語・マレーシア語・ポルトガル語・インドネシア語・広東語・アラビア語・ヒンディー語、台湾語・トルコ語・スウェーデン語・スワヒリ語・ベトナム語の現在21のことばで活動しています。

人に出会い、ことばを育てる

地域の活動の場〈ファミリー〉は、仲間が集まる多言語の公園です。先生はいません。クラス分けやテストもありません。0 歳からシニア年代まで、共通に聞いている多言語マテリアルを真ん中に、ことばを歌うように丸ごと取り込んでいきます。

また、ホームステイや受け入れの準備〜報告など、お互いの体験を交流して楽しみます。

冒険CDブックシリーズ

『冒険CDブック１ フーリエの冒険 〜第５章 〜微分〈英語版〉』
『冒険CDブック２ 量子力学の冒険 〜第５話〜
E. シュレディンガー「さらば、マトリックス」〈英語版〉』
トランスナショナル カレッジ オブ レックス編　各価格 本体 2,300 円 + 税

冒険シリーズが、CDブックになりました。この本のポイントは、数式や物理を英語で楽しむということ。数学は難しい、英語は苦手という方も、CD 付だから、聴いているうちに、英語も数式も自然にわかるように！ 子どもたちとも一緒に楽しむことができます。『冒険 CDブック1 フーリエの冒険』は高専で教科書にも採用されました。

多言語活動がきっかけで生まれた暗号〈文庫〉シリーズ（新潮社刊）

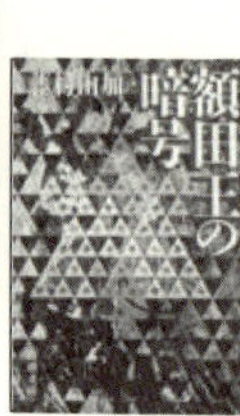

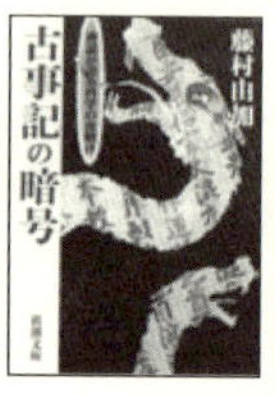

『人麻呂の暗号』藤村 由加［著］
『額田王の暗号』藤村 由加［著］
『古事記の暗号』藤村 由加［著］
『枕 詞 の 暗 号』藤村 由加［著］
＊現在は絶版のため、言語交流研究所本部にお問い合せください。

ヒッポの多言語活動を通して、日本語、韓国語、中国語の３つのことばの意外な共通性に出会ったことが、古い日本の書物をみんなで読み始めるきっかけになりました。すべて漢字で書かれていた、現存している日本最古の書物（古事記・日本書紀・万葉集）に記されたメッセージをいろいろな視点で読み解いていくと…。『人麻呂の暗号』は 50 万部のベストセラーになりました。

『ことばはボクらの音楽だ！』榊原 陽［著］明治書院 刊

定価：本体 1,500 円 + 税

赤ちゃんがことばを獲得していくプロセス、いくつものことばが話されている地域や国の存在、ことばの成立と自然科学との関係。これらのテーマについて、誰もが知っている言語体験をもとにことばとは何かということを読者と一緒に考えていきます。また、マサチューセッツ工科大学のスザンヌ フリン教授（言語学／多言語獲得研究）にも、「ことばの獲得」について寄稿していただきました。

『Language Is Our Music』
LRF 刊　定価：本体 2,700 円（税込）

言語交流研究所 創設者 榊原 陽の著書『ことばを歌え！こどもたち』（筑摩書房刊）が一部改訂・加筆され、アメリカで英語版『Language Is Our Music』として2013年６月に出版。2013年10月に上述の日本語版『ことばはボクらの音楽だ！』が明治書院より出版。

ヒッポファミリークラブから生まれた書籍たち

冒険シリーズ（トランスナショナル カレッジ オブ レックス編）

『フーリエの冒険』 新装改訂版　定価：本体 3,500 円 + 税

理工系に必須の数学、フーリエ級数展開から、微分、積分、複素数、FFT 法まで。物理学や工学の世界でよく使われるスペクトル解析をするための数学「フーリエ級数」を、数学についてはほぼ素人の集まりが、「自分たちのことばで理解した」そのままを書きました。「野菜ジュース」など身近な例を引きながら、数学を理解していった道筋を書いたこの本は、小学生から専門家まで、楽しく読める数学の本として 1988 年発刊以来のロングセラーとなっています。　＊本書は、装丁を新たにし、内容を一部加筆した新装改訂版です。

『量子力学の冒険』 定価：本体 3,700 円 + 税

20 世紀の物理学の代表、量子力学。プランク、アインシュタインから始まり、ボーア、ハイゼンベルク、ド・ブロイ、シュレディンガー…。粒子と波動の不思議な二重性を持つ量子。その量子を説明することばを見つけていった物理学者たちの軌跡を数式を交えて一緒に楽しめます。

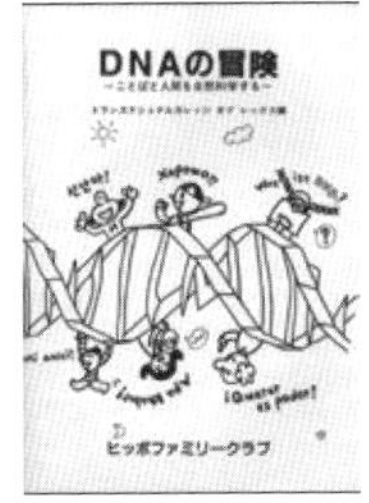

『DNA の冒険』 定価：本体 3,600 円 + 税

物質、生命、ことばを貫く秩序とは？

決してバラバラになることなく、何十兆個もの細胞が、全体として一つの個体をつくりあげている多細胞生物の不思議に、ことばを生きものとして捉えるという視点から迫ります。

冒険シリーズ 英語版（LRF：Language Research Foundation 刊）

『Who is Fourier?』（フーリエの冒険 英語版）
定価：本体 4,000 円 + 税

『What is Quantum Mechanics?』（量子力学の冒険 英語版）
定価：本体 4,000 円 + 税

『What is DNA?』（DNA の冒険 英語版）
定価：本体 4,000 円 + 税

冒険シリーズは、日本語版、英語版（アメリカ）の他、韓国語版（韓国）、中国語〈繁体字〉版（台湾）、スペイン語版（メキシコ）が出版されています。

Multilingual Adventures
高校生、とび出せ 世界へ！
高校交換留学21ヵ国2,000人の体験から

2019年5月25日　第1刷発行

企　画　　一般財団法人 言語交流研究所 ヒッポファミリークラブ
発行者　　本間 千枝子
発行所　　株式会社遊行社

表紙装幀・口絵レイアウト　島崎 みのり
イラスト　仙波 カナコ

〒160-0008　東京都新宿区四谷三栄町5-5-1F
TEL　03-5361-3255　FAX　03-5361-1155
http://yugyosha.web.fc2.com/
印刷・製本　創栄図書印刷（株）

ISBN978-4-902443-48-6